广东省地方标准

高速公路日常养护作业规范 土建

Specification of expressway routine maintenance work—Civil engineering

DB 44/T 2254—2020

主编单位：广东省交通集团有限公司
　　　　　广东能达高等级公路维护有限公司
参编单位：广东省交通运输工程造价事务中心
　　　　　华南理工大学
批准部门：广东省市场监督管理局
实施日期：2020年12月23日

人民交通出版社股份有限公司
北　京

图书在版编目(CIP)数据

高速公路日常养护作业规范. 土建 / 广东省交通集团有限公司, 广东能达高等级公路维护有限公司主编. — 北京：人民交通出版社股份有限公司, 2020.10
ISBN 978-7-114-16894-9

Ⅰ.①高⋯ Ⅱ.①广⋯ ②广⋯ Ⅲ.①高速公路—公路养护—技术规范—广东 Ⅳ.①U418-65

中国版本图书馆CIP数据核字(2020)第197794号

书　　名：	高速公路日常养护作业规范　土建
著 作 者：	广东省交通集团有限公司
	广东能达高等级公路维护有限公司
责任编辑：	刘　彤　周　宇
责任校对：	刘　芹
责任印制：	张　凯
出版发行：	人民交通出版社股份有限公司
地　　址：	(100011)北京市朝阳区安定门外外馆斜街3号
网　　址：	http://www.ccpcl.com.cn
销售电话：	(010)59757973
总 经 销：	人民交通出版社股份有限公司发行部
经　　销：	各地新华书店
印　　刷：	北京市密东印刷有限公司
开　　本：	880×1230　1/16
印　　张：	5.25
字　　数：	151千
版　　次：	2020年10月　第1版
印　　次：	2021年11月　第2次印刷
书　　号：	ISBN 978-7-114-16894-9
定　　价：	50.00元

(有印刷、装订质量问题的图书，由本公司负责调换)

目　次

前言 .... Ⅲ
引言 .... Ⅴ
1 范围 1
2 规范性引用文件 1
3 术语和定义 1
4 高速公路日常养护作业一般规定 2
　4.1 通则 2
　4.2 日常巡查及经常检查 2
　4.3 日常保洁 4
　4.4 小修保养 4
5 高速公路日常养护资源配置 5
　5.1 通则 5
　5.2 养护基地配置 5
　5.3 养护机械设备配置 9
　5.4 养护人员配置 11
6 高速公路日常养护作业要求 11
　6.1 通则 11
　6.2 日常保洁标准要求 12
　6.3 日常保洁频率要求 12
　6.4 小修保养标准要求 13
　6.5 小修保养时限要求 13
附录 A(规范性附录) 高速公路日常养护作业操作规程 15
附件 《高速公路日常养护作业规范 土建》条文说明 63
1 范围 65
4 高速公路日常养护作业一般规定 65
5 高速公路日常养护资源配置 73
6 高速公路日常养护作业要求 74

Ⅰ

前 言

本文件按照GB/T 1.1—2020给出的规则起草。

本文件由广东省交通运输厅提出。

本文件由广东省交通运输(公路水路)标准化技术委员会归口。

本文件起草单位:广东省交通集团有限公司、广东能达高等级公路维护有限公司、广东省交通运输工程造价事务中心、华南理工大学。

本文件主要起草人:黄勇、李海军、易万中、蔡业青、王燕平、王迎军、刘凤山、李建武、盛赛华、余卫民、陈聪凝、虞将苗、彭霞、黄伟、黄国威、刘锋、马尉倘。

引 言

广东省位于中国大陆南端,毗邻港澳,经济发达。在粤港澳大湾区建设的国家战略驱动下,全省高速公路路网密度越来越大,通车里程越来越长,交通量也日益增大,珠三角地区交通量更是渐趋饱和,公众对交通出行的便捷性和舒适度要求日益提高。高质量的出行要求,需要高质量的路况支撑,因而必须不断提升道路养护水平。

广东省高速公路养护作业的特点和难点主要有以下几个方面:一是气候湿热多雨、台风频发、降雨强度大,易产生道路水损害;二是粤北山区高速公路穿越南岭,冬季低温诱发的冰冻灾害、夏季降雨诱发的地质灾害均较为频繁;三是珠三角地区濒临南海,软土地基深厚且分布广泛、台风影响大、交通量日趋饱和,道路养护任务繁重,养护作业交通组织和安全保障难度高。为了适应省内高速公路养护作业的地方特点和更高要求,有必要在《公路养护技术规范》(JTG H10)的基础上,研究制定《高速公路日常养护作业规范 土建》,进一步明确广东省高速公路日常养护内容、资源配置、作业要求,规范养护作业的行为与质量标准,确保高速公路养护作业优质、快速、安全开展。

本标准编制过程中,编写组总结了广东省近年来高速公路日常养护经验,进行了广泛的调查研究,查阅了大量有关公路养护方面的文件资料,征求了有关单位的意见,充分考虑了与其他相关标准、规范的一致性问题。

高速公路日常养护作业规范　土建

1　范围

本文件规定了广东省高速公路土建日常养护作业分类、资源配置、作业要求等相关内容。

本文件适用于广东省内高速公路路基、路面、桥涵、隧道、交通安全设施工程及沿线设施、绿化等土建部分的日常养护作业与管理。

2　规范性引用文件

下列文件中的内容通过文中的规范性引用而构成本文件必不可少的条款。其中，注日期的引用文件，仅该日期对应的版本适用于本文件；不注日期的引用文件，其最新版本（包括所有的修改单）适用于本文件。

　　GB/T 700　　碳素结构钢
　　GB 5768　　道路交通标志和标线
　　GB/T 6725　　冷弯型钢通用技术要求
　　GB/T 24725　　突起路标
　　GB/T 24970　　轮廓标
　　JG/T 289　　混凝土结构加固用聚合物砂浆
　　JTG D81　　公路交通安全设施设计规范
　　JTG F90　　公路工程施工安全技术规范
　　JTG H10　　公路养护技术规范
　　JTG H11　　公路桥涵养护规范
　　JTG H12　　公路隧道养护技术规范
　　JTG H30　　公路养护安全作业规程
　　JTG 5142　　公路沥青路面养护技术规范
　　JTG 5210　　公路技术状况评定标准
　　JTG/T J22　　公路桥梁加固设计规范
　　YB/T 5294　　一般用途低碳钢丝

3　术语和定义

下列术语和定义适用于本文件。

3.1

高速公路日常养护作业　routine maintenance operations of expressway

对高速公路及其附属设施进行的日常清扫、清理、清洗和清疏，对局部轻微损坏或缺陷等一般病害的拆除、修补、维修、加固、更换，对绿化进行管护，以及其他不进行立项管理的公路养护作业。

3.2

日常巡查　routine inspection

每天对可视范围内高速公路及其沿线设施进行外观巡视、检查，以及时掌握高速公路及其设施的整洁状况、完好状况的作业活动。

3.3

经常检查 regular inspection

按一定频率对高速公路及其沿线设施进行的外观巡视、检查，以及时掌握高速公路及其设施的整洁状况、完好状况的作业活动。

3.4

日常保洁 routine cleaning

按规定频率对高速公路及其沿线设施进行的保洁、清洗和清疏以及绿化管护等工作。

3.5

小修保养 minor repairation and maintenance

高速公路及其沿线设施的各种小规模病害或障碍的处治作业，主要包括对轻微病害的修补，以及对一般病害、缺失、障碍的恢复性、重置性或预防性等维修、处治作业。

3.6

应急保通辅助作业 emergency operations for keeping traffic patency

高速公路水毁抢修、防冰与防雪、突发事件处置等辅助作业。

3.7

日常养护基地 routine maintenance base

满足高速公路日常养护和应急保通辅助作业功能要求的小型养护基地。

3.8

综合养护基地 comprehensive maintenance base

满足高速公路日常养护、应急保通辅助作业以及具备沥青混合料或水泥混凝土生产供应功能要求的大型养护基地。

4 高速公路日常养护作业一般规定

4.1 通则

高速公路日常养护作业按作业内容、性质、复杂程度、规模大小等划分为日常巡查及经常检查、日常保洁、小修保养三类。高速公路日常养护作业分类树状图如图1所示。

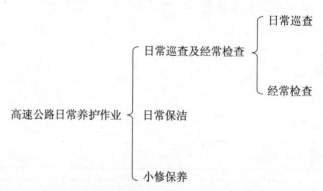

图1 高速公路日常养护作业分类树状图

4.2 日常巡查及经常检查

4.2.1 日常巡查

高速公路日常巡查的内容应包括以下几个方面：

a) 路基：主要检查路基边坡及各类防护结构物是否发生明显位移或变形等。
b) 路面：主要检查发现路面出现的坑槽、裂缝、沉陷、拥包等病害，路缘石是否缺失、损坏，路面是否积水，排水是否通畅。发现交通路障(漏洒物等)应及时清除。
c) 桥梁：主要检查桥面铺装是否平整，桥面有无裂缝、坑槽、积水；伸缩缝是否堵塞卡死，连接部件有无松动、脱落、局部损坏；防撞护栏有无损坏，桥头是否有明显跳车。
d) 涵洞：主要检查进水口是否堵塞、排水是否通畅；洞口周围是否有杂物堆积；涵洞是否有明显开裂、沉陷、收敛等结构变形。
e) 隧道：主要检查洞口边仰坡是否存在开裂滑动、落石等现象；洞门结构是否存在大范围开裂、明显变形、衬砌掉块等现象；洞内路面是否有破损，侧墙瓷砖是否脱落，边沟盖板有无损坏，隧道衬砌和路面有无明显渗水。
f) 沿线交通安全设施：主要检查护栏、警示桩、标识牌、防眩网(板)、轮廓标、声屏障等设施有无缺失、损坏、歪斜；各种交通标志标线(含突起路标)有无缺失、变形、污染等。
g) 绿化：检查公路沿线绿化植物的长势情况，有无缺株、死苗、病虫害以及影响视距、遮挡标志牌等情况。
h) 台风或暴雨后检查：检查路树是否倒伏在高速公路范围内，标志牌、防眩网(板)、声屏障等交通安全设施是否倾倒，路面是否有障碍物和积水，边坡水毁情况以及排水系统是否存在冲毁或堵塞情况。
i) 冬季冰冻天气检查：在寒潮期间检查粤北山区高速公路是否结冰，重点检查容易结冰的桥面、容易发生交通事故的弯道路段和上下坡路段等位置。

4.2.2 经常检查

高速公路经常检查频率见表1。

表 1 高速公路经常检查频率表

工程设施名称		检 查 频 率
路基	一般边坡防护工程	2次/年(雨季前和雨季后各1次)
	边坡截排水系统	
	路侧边沟、排水沟	
桥梁		1次/月
涵洞		2次/季
隧道		养护等级一级为1次/月；养护等级二级为1次/2月；养护等级三级为1次/季
高边坡或危险的一般边坡		1次/季
高挡墙		1次/季
注：上表所列检查频率为一般情况下的检查频率，在台风、雨季及其他恶劣天气来临之前和发生之后，应视实际需要适当增加检查频率。		

高速公路经常检查的内容应包括以下几个方面：
a) 路基：主要检查土路肩是否有损坏；边坡(含上、下边坡)是否开裂、位移、坍塌；边沟、排水沟、截水沟、跌水井、泄水槽等排水设施有无淤塞，排水是否通畅、进出口是否完好；各类支挡结构物有无变形、开裂，预应力锚索锚头有无崩裂或脱落，泄水孔出水是否异常。

b) 桥梁:主要检查墩台有无杂物堆积;锥坡、护坡有无塌陷,铺砌面有无缺损、勾缝脱落、灌木杂草丛生等问题;排水设施是否良好,桥面泄水管是否堵塞和破损;混凝土结构有无裂缝、剥落、渗漏,钢筋是否露筋、锈蚀;支座是否有明显变形或脱空;基础是否受到冲刷损坏、外露、悬空,是否受到船只或漂浮物撞击而受损。
c) 涵洞:主要检查洞内有无淤塞;涵洞结构是否明显开裂、沉陷或收敛。
d) 隧道:主要检查洞口边(仰)坡有无危石、积水,截水沟有无淤塞、损坏;洞门结构有无开裂、倾斜、沉陷、错台、起层、剥落、渗漏水;衬砌是否存在结构裂缝、错台、起层、剥落、渗漏水;排水设施是否缺损、堵塞;路面有无承压渗水。
e) 沿线设施:主要检查交通标志、路面标线、突起路标、轮廓标、护栏、隔离栅、防眩设施等是否损坏、缺失。

4.3 日常保洁

高速公路日常保洁的内容应包括以下几个方面:

a) 路基:清捡高速公路路基范围内的垃圾;清理全线路基范围(含匝道、救援车道、收费站场)的排水系统,包括各类边沟、排水沟、排水槽、急流槽、截水沟、沉沙井及集水井内的杂草、淤积物(泥沙)等,以保持排水通畅。
b) 路面:采用路面清扫车定期对全线路面(包括桥面、隧道路面)的垃圾、泥沙及其他污染物进行清扫,对路面清扫车无法清扫或清扫不彻底的路面采用人工进行清扫、清捡;清洗全线观景台、收费广场的路面,包括收费广场内的车道路面、安全岛、收费亭、收费廊立柱等。
c) 桥梁:定期清理桥梁泄水孔、集水管、伸缩缝的泥沙和垃圾;对松动、变位的集水管进行恢复、固定。
d) 涵洞:对具有排水功能的涵洞存在的漂浮垃圾或淤积物进行清理;对具有通道功能的涵洞存在的垃圾或堆积物进行清理。
e) 隧道:对隧道(主洞和横洞)的侧墙(装饰面部分)、洞门和洞内路面进行定期清洗,保持其干净、整洁。
f) 交通安全设施:对交通标志和安全设施的灰尘、污垢、油污进行清洗,保持夜间反光效果。将水马注水(或加沙)、复位,将防撞桶加沙、复位。
g) 绿化:定期对中央分隔带、路侧、互通立交和管理区的绿化进行修剪、除杂草、松土、浇水、杀虫、施肥等管养工作;对伸入路肩范围的遮挡交通标志、影响行车视线的乔木进行修剪。

4.4 小修保养

高速公路小修保养的内容应包括以下几个方面:

a) 路基:对局部塌方的边坡进行维修;对局部损坏的边坡及排水设施砌体进行维修。
b) 路面:对沥青路面出现的局部泛油、裂缝、坑槽、松散等病害进行维修;对水泥混凝土路面进行清缝、灌缝,对路面面板局部病害进行维修。
c) 桥梁:对桥面铺装的局部轻微损坏、伸缩缝的破损、结构的局部轻微损坏、小型构件的损坏、防护圬工的损坏、排水设施的破损等进行维修。
d) 涵洞:对涵洞局部损坏进行维修;对沉降缝进行维护。
e) 隧道:清除隧道洞口碎落岩石,维修路面、结构及圬工砌体的局部损坏,处理局部渗漏水;维修侧墙瓷砖;维修、更换边沟和电缆沟盖板。
f) 交通安全设施:护栏、隔离栅、轮廓标、标志牌、里程牌、防抛网、防眩板(网)、警示桩等的维修或更换;路面标线局部补划、突起路标的更换和补装。
g) 绿化:沿线乔木、灌木、花草缺失的补植。

h) 应急保通辅助作业:高速公路水毁抢修、防冰与防雪、突发事件处置等辅助性工作。

5 高速公路日常养护资源配置

5.1 通则

5.1.1 高速公路日常养护资源配置包括养护基地、养护机械设备以及养护人员配置。

5.1.2 养护基地宜在项目建设期统筹考虑,统一规划、统一实施。

5.2 养护基地配置

5.2.1 养护基地分类

根据功能划分,高速公路养护基地分为日常养护基地和综合养护基地两种。

5.2.2 日常养护基地选址

日常养护基地选址要求:
a) 养护能力应满足所服务高速公路路段的日常养护需求;
b) 考虑日常养护作业的便利性、应急保通及时性,作业辐射半径宜为20km~30km;
c) 宜设置在高速公路出入口或互通立交旁边,并便于基地职工的生活和后勤供应保障。

5.2.3 日常养护基地建设规模

日常养护基地建设规模要求:
a) 日常养护基地占地面积宜为6 500m²~13 000m²。
b) 根据养护基地功能区划分,养护基地应包括生产区、办公区、生活区等3个功能区,且分区应合理,并根据需要设置配套的附属设施设备。日常养护基地生产区应设置普通仓库、危险品仓库、应急物资仓库、停车区、维修车间等;办公区应设置办公室、会议室、档案室等;生活区应设置宿舍楼、厨房等。
c) 日常养护基地建设标准参见表2。

表2 日常养护基地建设规模、建筑要求参照表

序号	项目名称		建设规模	建筑要求	备注
1	场地		a) 占地面积宜为6 500m²~13 000m²; b) 建筑面积1 000m²~1 500m²	生产区、办公区、生活区3个区域,且各分区应合理,并根据需要设置配套的附属设施设备	
2	生产区	普通仓库	建筑面积不小于350m²,分别设置土建仓库(150m²)、交安仓库(100m²)	a) 建筑层高不低于5m,通风、照明良好,设有防潮、防盗设施; b) 需配备基本的灭火器材	
3		危险品仓库	建筑面积不小于30m²	a) 通风、照明良好,设有防火、防盗设施; b) 需配备灭火器材; c) 危险品、易燃易爆品应按规定间距分区放置	

表 2（续）

序号	项目名称		建设规模	建筑要求	备注
4	生产区	应急物资仓库	建筑面积不小于100m²	a) 通风、照明良好，设有防潮、防盗设施； b) 需配备基本的灭火器材	
5		停车区	建筑面积80m²~100m²	a) 通风、照明良好，设有防火、防盗设施； b) 需配备基本的灭火器材； c) 设立废油收集设施	
6		维修车间	建筑面积60m²~80m²	a) 通风、照明良好，并设有防暑降温设备； b) 铺设地砖，墙面满铺瓷砖； c) 具备防火、防盗设施； d) 配备必要的办公设备、桌椅等设施	按需配置
7	办公区	办公室	建筑面积100m²~200m²	a) 通风、照明良好，并设有防暑降温设备； b) 铺设地砖，墙面粉刷； c) 配备必要的办公设备、桌椅等设施	
8		会议室	建筑面积40m²~60m²	a) 通风、照明良好，并设有防暑降温设备； b) 铺设地砖，墙面粉刷； c) 配备必要的会议桌、椅子、多媒体等常用会议设施	按需配置
9		档案室	建筑面积30m²~60m²	a) 通风、照明良好，并设有防火、防潮等设施； b) 铺设地砖，墙面粉刷； c) 配备必要的档案柜、档案架	按需配置
10	生活区	宿舍	建筑面积400m²~500m²（主要管理人员1人/间，其他人员2人/间~4人/间，按平均每人6m²~8m²计算）	a) 通风、照明良好，需配空调，地面铺砌瓷砖，墙面粉刷，设专门的晾衣处； b) 每间宿舍单独设有通风照明良好的卫生间，全天供应冷、热水； c) 配备生活用品专柜、消防设施	
11		饭堂	建筑面积80m²~100m²	a) 离厕所、垃圾站及有害物质场所不小于20m； b) 设置独立的制作间、储藏间，并配有消毒设备； c) 铺设地砖，墙面粉刷； d) 配备消防设施	
12	绿化覆盖率		不少于30%（生活区、办公区）		

5.2.4 综合养护基地选址

综合养护基地选址要求：
a) 宜设置在高速公路枢纽立交附近，以便养护机械快捷到达管养范围内的任何地点；

b) 选址应避开环境敏感点,降低对周边城镇的影响;
c) 考虑最大运距对水泥混凝土及沥青混凝土质量的影响,作业辐射半径宜为100km~120km;
d) 要便于考虑综合养护基地员工的生活和后勤供应保障。

5.2.5 综合养护基地建设规模

综合养护基地建设规模要求:
a) 综合养护基地占地面积宜为20 000m²~40 000m²,用地紧张的基地可适当降低占地面积;
b) 根据养护基地功能区划分,养护基地应包括生产区、办公区、生活区等3个功能区,且分区应合理,并根据需要设置配套的附属设施设备,有条件的可设置循环材料堆放区。综合养护基地生产区应设置普通仓库、危险品仓库、应急物资仓库、停车区、维修车间等,还应包括拌和场和小型预制场等;办公区应设置办公室、会议室、档案室等;生活区应设置宿舍楼、厨房等,还应设置工地试验室;
c) 综合养护基地建设标准参见表3。

表3 综合养护基地建设规模、建筑要求参照表

序号	项目名称		建设规模	建筑要求	备注
1	场地		a) 占地面积宜为20 000m²~40 000m²; b) 建筑面积1 500m²~2 000m²	生产区、办公区、生活区3个区域,且各分区应合理,并根据需要设置配套的附属设施,有条件的可设置循环材料堆放区	
2	生产区	拌和场	a) 沥青拌和楼: 1) 宜采用240t/h以上的环保设备; 2) 储料场地面积4 000m²(备料场地面积应满足在中断材料供应至少一周的情况下,仍能保证工地施工正常进行)。 b) 水泥混凝土拌和楼: 1) 储料场地面积500m²; 2) 有条件的配备碎石水洗设备	a) 沥青混凝土拌和楼设立应远离居民区,且在风向的下方,严禁在生活饮用水旁建设; b) 场地采用C20混凝土硬化处理,场内重载车辆运输通道硬化厚度不小于20cm,其余不小于15cm; c) 备料区料仓按待检、合格区分仓存放,隔墙高度不小于3.0m,设置地面排水设施; d) 4.75mm以下细集料须设雨棚; e) 出场通道应设置降尘池; f) 罐体安装缆风绳和避雷设施; g) 配备与拌和机功率相匹配的发电机; h) 设置废料集中堆放区	
3		小型预制场	场地面积100m²~200m²	a) 场地采用C20混凝土硬化处理,硬化厚度不小于15cm; b) 场地顶部应设置轻型钢结构屋架、彩钢板屋面; c) 设置设备冲洗设施、排水沟及沉淀池	
4		普通仓库	建筑面积不小于600m²,分别设置土建仓库(300m²)、交安仓库(150m²)	a) 采用钢筋混凝土框架结构建筑;层高不低于5m,通风、照明良好,设有防潮、防盗设施; b) 需配备基本的灭火器材	

7

表3(续)

序号	项目名称		建设规模	建筑要求	备注
5	生产区	危险品仓库	建筑面积不小于30m²	a) 通风、照明良好,设有防火、防盗设施; b) 需配备灭火器材; c) 危险品、易燃易爆品应按规定间距分区放置	
6		应急物资仓库	建筑面积不小于120m²	a) 通风、照明良好,设有防潮、防盗设施; b) 需配备基本的灭火器材	
7		停车区	建筑面积60m²~80m²	a) 通风、照明良好; b) 需配备基本的灭火器材; c) 设立废油收集设施	
8		维修车间	建筑面积200m²~300m²	a) 通风、照明良好,并设有防暑降温设备; b) 地面铺设地砖,墙面满铺瓷砖; c) 具备防火、防盗设施; d) 配备必要的办公设备、桌椅等设施	
9	办公区	项目部办公室	建筑面积200m²~300m²	a) 通风、照明良好,并设有防暑降温设备; b) 铺设地砖,墙面满铺瓷砖; c) 具备防火、防盗设施; d) 配备必要的办公设备、桌椅等设施	
10		监理办公室	建筑面积80m²~100m²	a) 通风、照明良好,并设有防暑降温设备; b) 铺设地砖,墙面满铺瓷砖; c) 具备防火、防盗设施; d) 配备必要的办公设备、桌椅等设施	按需配置
11		会议室	建筑面积40m²~80m²	a) 通风、照明良好,并设有防暑降温设备; b) 铺设地砖,墙面粉刷; c) 配备必要的会议桌、椅子、多媒体等常用会议设施	
12		档案室	建筑面积30m²~60m²	a) 通风、照明良好,并设有防火、防潮等设施; b) 铺设地砖,墙面粉刷; c) 配备必要的档案柜、档案架	
13	生活区	宿舍	建筑面积600m²~800m²(主要管理人员1人/间,其他人员2人/间~4人/间,按平均每人6m²~8m²计算)	a) 通风、照明良好,需配空调,地面铺砌瓷砖,墙面粉刷,设专门的晾衣处; b) 每间宿舍单独设有通风照明良好的卫生间,全天供应冷、热水; c) 配备生活用品专柜、消防设施	
14		饭堂	建筑面积100m²~120m²	a) 离厕所、垃圾站及有害物质场所不小于20m; b) 设置独立的制作间、储藏间,并配有消毒设备; c) 铺设地砖,墙面粉刷; d) 配备消防设施	

表 3(续)

序号	项目名称	建设规模	建筑要求	备注
15	项目部工地试验室	建筑面积不小于240m²,配备的仪器满足规定要求	a) 铺设地砖,墙面粉刷,配备三相电源,通风照明良好,设立防火防盗设施; b) 设立办公室、集料室、沥青室、沥青混合料室、力学室、样品室、养护室等; c) 仪器操作台高度为70cm～90cm,宽度为60cm～80cm,操作规程牌距操作台50cm; d) 办公室配备必要的办公设备、桌椅等设施	按需配置
16	绿化覆盖率	不少于30%(生活区、办公区)		

5.3 养护机械设备配置

5.3.1 养护机械设备配置原则

高速公路养护机械设备配置应体现安全适用、高效经济、因地制宜的原则。

5.3.2 养护机械设备分类

高速公路养护机械设备分为日常常规机械设备、应急保通机械设备和大中修养护机械设备三类。日常常规机械设备主要包括清扫车、洒水车、沥青路面综合养护车、灌缝设备、小型压路机等。应急保通设备主要包括挖掘机、除雪撒布综合车、抗冰设备、装载机、起重机、移动照明设备等。大中修养护机械设备主要包括水泥拌和站、沥青拌和站、沥青摊铺机、压路机、碎石水洗机等。

5.3.3 养护机械设备配置标准

日常养护基地应配置日常常规机械设备和应急保通机械设备两类。综合养护基地除应配置日常常规机械设备和应急保通机械设备外,还应按需配置大中修养护机械设备。主要养护机械设备配置标准具体参见表4。

表 4 主要养护机械设备配置标准参照表(每100km)

设备类别	设备名称	规格参数(参考值)	配备数量
日常常规机械设备	养护巡查车	5座	2
	清扫车	清扫宽度≥2m	2
	洒水车	水箱容积≥10m³	2
	割草机	30cm²/s,1.84kW	15
	沥青路面综合养护车	配备沥青撒布与灌缝等装置与工具	1
	油锯	功率≥1kW	10
	皮卡	≥1.0t	4

表4（续）

设备类别	设备名称	规格参数（参考值）	配备数量
日常常规机械设备	标线施划设备	线宽80mm~300mm	4
	标线除线机	≥100mm	1
	灌缝设备	热熔釜容积≥500L	1
	小型压路机	480kg	1
	路面切割机	刀片宽2.5mm~6mm	2
	空压机	$3m^3/min$~$6m^3/min$	2
	发电机	≥15kW	2
	抽水机	扬程25m，吸程6m	2
	照明设备	功率≥500W	4
	氧割设备	切割厚度1mm~10mm	2
	电焊设备	功率≥10kW	2
	护栏抢修车	—	1
	隧道清洗车	5km/h~10km/h	按需配置
	高空作业车	举升高度≥10m	按需配置
	防撞车	一体式	按需配置
应急保通机械设备	挖掘机	斗容量≥$1.0m^3$	按需配置
	贝雷架	—	按需配置
	除雪撒布综合车	撒布宽度≥2 500mm	按需配置
	抗冰设备	—	按需配置
	装载机	$1m^3$~$2m^3$	按需配置
	起重机	>8t	按需配置
	移动照明设备	≥25盏	按需配置
大中修养护机械设备	水泥拌和站	—	按需配置
	沥青拌和站	>240t/h	按需配置
	铣刨机	—	按需配置
	沥青摊铺机	摊铺宽度4m~9m	按需配置
	双钢轮压路机	重型12t~14t	按需配置
	轮胎压路机	≥26t	按需配置
	同步碎石封层车	容积$8m^3$	按需配置
	称重地磅	≥80t	按需配置
	碎石水洗机	≥100t/h	按需配置
	装载机	斗容量≥$3m^3$	按需配置

5.4 养护人员配置

5.4.1 养护人员配置原则

高速公路日常养护人员配置应满足高速公路养护管理和施工作业的需要，体现高速公路养护规范化与机械化程度相结合的原则。

5.4.2 养护人员配置标准

高速公路养护单位应配备的主要岗位包括项目经理、技术负责人、养护工程师、安全员等。高速公路养护人员配置要求见表5。

表5 养护人员配置参照表

人员类别	资质要求	人数(人)
项目经理	路桥工程师及以上职称，有省级交通运输主管部门颁发的有效安全生产"三类人员"交安B类证书	按主线里程每10km配置1人计算总人数，至少3人，特大桥隧可适当增加人员配置
技术负责人	路桥工程师及以上职称	
养护工程师	路桥助理工程师及以上职称	
安全员	具有省级交通运输主管部门颁发的有效安全生产"三类人员"交安C类证书	
技术工人	经用人单位进行岗前技术培训、安全培训并考核合格	按主线里程每4km配置1人

6 高速公路日常养护作业要求

6.1 通则

6.1.1 高速公路日常养护应推行标准化、规范化、机械化和信息化作业，不断提升养护效率和养护质量。日常养护作业宜参照附录A执行。

6.1.2 高速公路上进行养护作业的人员，需经日常养护单位进行安全教育和养护作业规程培训，考核合格后方可上岗。根据生产需要在现场每个施工点至少设一名现场安全管理员，且熟悉所施工的工作类型。

6.1.3 在高速公路进行养护作业时，必须按《公路养护安全作业规程》(JTG H30)、《公路工程施工安全技术规范》(JTG F90)、《道路交通标志和标线》(GB 5768)的规定设置作业控制区，实施安全布控和安全作业，并由安全员现场指挥，确保养护作业人员安全和过往车辆行车安全。

6.1.4 高速公路日常养护作业应文明施工。运送土方、材料进出施工现场的车辆，应按有关规定采取防尘、防洒等措施以防止污染路面。养护作业完成后，应进行现场清理或路面清洗，不得将剩余材料、施工垃圾遗留在现场或附近，应将其及时清离现场并运往指定地点统一处理。

6.1.5 高速公路日常养护应及时做好各项养护施工记录，并分类归档。宜采用移动养护app(应用程序)等现代信息化手段实现现场实时记录、事后自动统计汇总并形成各类信息翔实丰富的养护记录及报表，推进养护作业信息化水平的不断提升。

6.2 日常保洁标准要求

6.2.1 路基日常保洁标准要求：
  a) 路肩、边坡整洁，无明显垃圾；
  b) 边沟、排水沟等排水设施无淤塞，排水畅通。

6.2.2 路面日常保洁标准要求：
  a) 全线路面整洁，无明显垃圾；
  b) 收费广场无明显垃圾和油污。

6.2.3 桥梁日常保洁标准要求：
  a) 桥梁伸缩缝无明显垃圾、泥沙；
  b) 桥梁泄水孔无堵塞；
  c) 桥梁锥坡无明显垃圾以及灌木、杂草等。

6.2.4 涵洞日常保洁标准要求：
  涵洞无淤塞，排水畅通。

6.2.5 隧道日常保洁标准要求：
  隧道墙体整洁，排水设施无淤积，排水畅通。

6.2.6 交通安全设施日常保洁标准要求：
  a) 交通标志牌、轮廓标、警示桩等设施干净整洁，无遮挡；
  b) 护栏设施整洁，无明显污渍。

6.2.7 绿化日常保洁标准要求：
  绿化长势良好，修剪整齐。

6.3 日常保洁频率要求

6.3.1 路基日常保洁频率要求：
  a) 路基垃圾清捡不宜少于 1 次/月；
  b) 边沟、排水沟、截水沟等排水系统清理不宜少于 1 次/季度，出现严重淤积应在 3d 内疏通，雨季应在 1d 内疏通。

6.3.2 路面日常保洁频率要求：
  a) 路面机械清扫作业频率不宜少于 1 次/d，珠三角地区的高速公路宜适当增加频率；
  b) 收费广场清扫作业不宜少于 1 次/d。

6.3.3 桥梁日常保洁频率要求：
  a) 桥梁伸缩缝清理不宜少于 1 次/月；
  b) 桥梁排水孔、泄水孔不宜少于 1 次/月；
  c) 桥梁锥坡清理不宜少于 1 次/季度。

6.3.4 涵洞日常保洁频率要求：
  涵洞清理不宜少于 1 次/季度，出现堵塞时应在 3d 内疏通，雨季应在 1d 内疏通；

6.3.5 隧道日常保洁频率要求：
  洞门及隧道内路面、侧墙瓷砖的清洗不宜少于 1 次/季度。

6.3.6 交通安全设施日常保洁频率要求：
  a) 标志牌、轮廓标、警示桩等板面清洗不宜少于 2 次/年，隧道内宜适当增加频率；
  b) 护栏设施清洗不宜少于 1 次/年；
  c) 隧道内标线清洗不宜少于 1 次/年。

6.3.7 绿化日常保洁频率要求：
   a) 中央分隔带绿化修剪宜视植物长势不少于1次/季度；
   b) 路肩2m范围内杂草的修剪不宜少于1次/2月，雨季宜适当增加修剪频率；
   c) 路侧灌木修剪宜视植物长势不少于1次/季度，对于遮挡标志牌的树枝，应在3d内修剪完毕；
   d) 开挖路段一级边坡杂草的修剪不宜少于1次/半年。

6.4 小修保养标准要求

6.4.1 路基小修保养标准要求：
   a) 边沟、排水沟、截水沟、急流槽以及挡土墙、护坡等设施保持良好无损；
   b) 及时发现边坡变形等状况，并按要求采取应急防护措施。

6.4.2 路面小修保养标准要求：
   a) 沥青路面出现的裂缝、坑槽等病害及时修复；
   b) 水泥路面出现的裂缝、面板局部破损、接缝损坏等轻微病害及时修复；
   c) 及时引排路面积水。

6.4.3 桥梁小修保养标准要求：
   a) 桥面铺装出现的裂缝、坑槽等轻微病害得到及时修复；
   b) 桥梁伸缩缝胶条、刚性带出现的损坏得到及时修复或更换；
   c) 桥梁结构出现的裂缝、表层混凝土缺损得到及时修复；
   d) 小型预制构件出现的损坏、缺失得到及时修复或更换；
   e) 桥梁排水设施处于良好状态。

6.4.4 涵洞小修保养标准要求：
   a) 涵洞出现的局部损坏得到及时修复；
   b) 涵洞沉降缝出现的损坏得到及时修复或更换。

6.4.5 隧道小修保养标准要求：
   a) 隧道洞口无碎落岩石；
   b) 隧道路面、结构及圬工砌体的局部损坏得到及时修复；
   c) 隧道侧墙瓷砖完整；
   d) 隧道小型构件出现的损坏、缺失得到及时更换。

6.4.6 交通安全设施小修保养标准要求：
   a) 交通标志牌、轮廓标、警示桩、沙桶等设施完整、无缺损，反光效果良好；
   b) 护栏完整，无缺损；
   c) 隔离栅、防眩板(网)完整，无缺损；
   d) 路面标线、突起路标无脱落，反光效果良好。

6.4.7 绿化小修保养标准要求：
   缺失乔木、灌木、花草等及时补植。

6.4.8 应急保通辅助作业要求：
   应急保通反应迅速，处置及时，措施得当。

6.5 小修保养时限要求

6.5.1 路基小修保养时限要求：
   a) 边坡的局部塌方或挡墙、护坡等圬工体出现损坏时，立即上报业主并按要求开展应急处置；
   b) 边沟、排水沟、截水沟等排水设施局部损坏，7d内修复。

6.5.2 路面小修保养时限要求：
   a) 坑槽应在 1d 内修复或应急措施到位；
   b) 沥青路面重度沉陷、拥包应在 1d 内修复或应急措施到位，轻度的宜在 5d 内修复；
   c) 每年雨季前应全面对路面裂缝进行灌缝、封缝维修，雨季期间路面出现的裂缝宜在 7d 内修复；
   d) 水泥路面破损、接缝脱落缺损等轻微病害应在 5d 内修复；
   e) 水泥路面重度破碎板、坑洞等局部病害应在 1d 内修复或应急措施到位。

6.5.3 桥梁小修保养时限要求：
   a) 桥面铺装出现的裂缝、坑槽等轻微病害宜在 2d 内修复；
   b) 桥梁伸缩缝胶条、刚性带出现的损坏宜在 7d 内修复；
   c) 桥梁结构出现的裂缝、表层混凝土缺损宜在 7d 内修复；
   d) 小型预制构件出现的损坏、缺失宜在 1d 内应急措施到位，并在 5d 内修复；
   e) 桥梁排水设施出现的损坏宜在 7d 内修复。

6.5.4 涵洞小修保养时限要求：
   a) 涵洞出现的局部损坏宜在 5d 内修复；
   b) 涵洞沉降缝出现的损坏宜在 7d 内修复。

6.5.5 隧道小修保养时限要求：
   a) 隧道洞口碎落岩石发现后应在 1d 内清理完毕；
   b) 隧道路面、结构及圬工砌体的局部损坏宜在 5d 内修复；
   c) 隧道侧墙瓷砖宜在 7d 内修复；
   d) 隧道小型构件出现的损坏、缺失宜在 1d 内应急措施到位，并在 5d 内修复。

6.5.6 交通安全设施小修保养时限要求：
   a) 交通标志牌等设施损坏应在 7d 内修复；
   b) 护栏损坏应在 1d 内应急措施到位，并在 3d 内修复；
   c) 隔离栅、防眩板(网)损坏应在 3d 内修复；
   d) 突起路标、轮廓标、警示桩、沙桶等设施脱落或损坏应在 3d 内完成更换。

6.5.7 绿化小修保养时限要求：
缺失的乔木、灌木、花草宜在 7d 内补植完毕。

6.5.8 应急保通辅助作业时限要求：
遇有突发事件时宜在接到通知后 30min 内抵达现场进行处置。

附 录 A
(规范性附录)
高速公路日常养护作业操作规程

A.1 日常保洁作业

A.1.1 路基

A.1.1.1 人工清捡作业

A.1.1.1.1 适用范围

适用于高速公路土路肩、碎落台、边坡、边沟等路基范围内的垃圾清捡作业。

A.1.1.1.2 作业方法

a) 垃圾清捡

　　作业人员将路段土路肩、碎落台、边坡、边沟等路基范围内的垃圾、杂物、飘散物、悬挂物等清捡干净,并将垃圾装入收纳袋,大件散落物则堆放在路肩边缘不影响行车的地方。

b) 垃圾处理

　　清理的杂物应集中运离上述作业范围,到指定地点统一处理,严禁将垃圾、杂物投放到桥下、河流中、隔离栅外等地方,或堆放于现场隐蔽处,或在现场及附近进行填埋或焚烧。

A.1.1.1.3 质量标准

路基范围内整洁,无明显垃圾杂物。

A.1.1.2 人工清理排水系统作业

A.1.1.2.1 适用范围

适用于路基范围(含匝道、救援车道、收费站场)排水系统的清理清疏作业,包括各类边沟、排水沟、排水槽、急流槽、截水沟、沉沙井及集水井内的杂草、淤积物(泥沙)等的清理清疏作业。

A.1.1.2.2 作业方法

a) 人工用镰刀或割草机割除边沟、排水沟、急流槽等两侧杂草,以显露排水系统的轮廓;
b) 人工拔除圬工砌体表面的杂草;
c) 对于有盖板的排水沟,人工用铁钩将盖板移开,移动过程中避免损坏盖板;
d) 人工用铁铲和扫把将排水沟、边沟、急流槽和截水沟内淤积的泥沙杂物清理干净;
e) 对于集水井和沉沙井的清理,人工将井内淤积的泥沙杂物清理干净,并用洒水车冲洗集水井,检查排水孔是否通畅,如不通畅则须更换排水管。

A.1.1.2.3 质量标准

排水系统无淤积阻塞,排水畅通,排水沟及急流槽轮廓分明。

A.1.2 路面

A.1.2.1 机械清扫作业

A.1.2.1.1 适用范围

适用于高速公路路面垃圾、杂物、散落物等的清扫保洁。

A.1.2.1.2 作业方法

a) 准备工作
   1) 上路作业前,清扫车驾驶员应先检查车辆装置,确保清扫车扫把、吸尘、洒水、垃圾箱、各种警示灯等装置正常工作。清扫车如出现扫把磨损变短、吸盘漏气、喷嘴堵塞等情况时,应及时处理后方可上路,以免影响清扫效果;
   2) 上路清扫工作时间应根据车流量及天气情况而定,应尽量避免在车流量高峰期及雾天、雨天上路作业。

b) 路面清扫
   1) 清扫车进入清扫路段时,应开启所有的警示灯具,进入隧道路段时,还要打开车辆灯光;
   2) 清扫作业时开启清扫装置,沿着清扫路线,以 10km/h~20km/h 的速度慢速行驶;
   3) 清扫过程中,如遇路面有大件垃圾,则将清扫车安全停靠在路肩,随车工人下车拾捡垃圾并放置于车上。

c) 垃圾处理
   清理的杂物应集中运离上述作业范围,到指定地点统一处理,严禁将垃圾、杂物投放到桥下、河流中、隔离栅外等地方,或堆放于现场隐蔽处,或在现场及附近进行填埋或焚烧。

A.1.2.1.3 质量标准

高速公路主线、收费站广场、匝道路面整洁,无大件垃圾。

A.1.2.2 人工保洁作业

A.1.2.2.1 适用范围

适用于中央活动栏栅、中央分隔带、观景台、收费站广场等清扫车无法作业部位的垃圾杂物清理,或清扫车作业后路面新出现的垃圾杂物清理。

A.1.2.2.2 作业方法

a) 垃圾拾捡
   1) 作业人员各自所承担段落的保洁工作。对于丢弃的饭盒、矿泉水瓶、塑料袋等杂物,用垃圾钳拾捡装入收纳袋中;对于路面废弃的轮胎皮、散落的大件包装物等,则放置于路肩边缘,做到既不影响行车安全又便于集中拉走;对于路段内其他较为集中的泥土散落物等垃圾,则用扫把扫除干净。
   2) 作业时工人宜面向来车方向,以便随时观察前面车辆动态,发现险情及时避让,防止意外事故发生。

b) 垃圾处理
   清理的杂物应集中运离上述作业范围,到指定地点统一处理,严禁将垃圾、杂物投放到桥下、河流中、隔离栅外等地方,或堆放于现场隐蔽处,或在现场及附近进行填埋或焚烧。

A.1.2.2.3 质量标准

路面、中央分隔带、收费站广场、观景台等整洁，无明显垃圾。

A.1.3 桥涵

A.1.3.1 桥梁人工清疏作业

A.1.3.1.1 适用范围

适用于常规桥梁伸缩缝清理、泄水孔疏通、锥坡和桥台清理作业。

A.1.3.1.2 作业方法

a) 伸缩缝清理

桥梁伸缩缝被泥沙等杂物堵塞时，对于结块的杂质，用铁钩轻轻刨松，再用压缩空气吹净，但刨松时注意不能损伤橡胶条。对于其他杂物，则用压缩空气吹净或用高压水冲洗干净。

b) 泄水孔清疏

桥梁泄水孔如被堵塞，用钢钎慢慢凿通，再用高压水冲洗疏通。

c) 锥坡清理

桥梁锥坡上的杂草、垃圾和杂物，由人工拔除或清理干净。

d) 桥台清理

人工用铁铲将桥台上的垃圾和杂物清理干净。

e) 垃圾处理

桥梁清疏作业现场留下的垃圾等杂物应集中运到指定地点统一处理，严禁将泥沙、杂物投放到桥下、河流中、隔离栅外等地方，或堆放于现场隐蔽处，或在现场及附近进行填埋或焚烧。

A.1.3.1.3 质量标准

伸缩缝无杂物堵塞；泄水孔无杂物堵塞，排水功能良好；锥坡坡面、桥台无杂草和垃圾杂物。

A.1.3.2 涵洞人工清疏作业

A.1.3.2.1 适用范围

适用于涵洞人工清理和疏通作业。

A.1.3.2.2 作业方法

a) 涵洞内清理

发现涵洞堵塞或排水不畅时，对于积水不严重、易于清理的涵洞，可人工用铁铲清除堵塞物（如垃圾、泥沙等杂物）；对于积水严重，人工不易作业的涵洞，可在入水口和出水口分别围堰，用水泵抽干洞内的水，再人工分段将堵塞的垃圾和泥沙清理干净；对于有跌水井的涵洞，跌水井里的泥沙杂物应清理干净。

b) 垃圾处理

清理涵洞后的泥沙等杂物应集中运到指定地点统一处理，严禁将泥沙、杂物投放到桥下、河流中、隔离栅外等地方，或堆放于现场隐蔽处，或在现场及附近进行填埋或焚烧。

A.1.3.2.3 质量标准

排水桥涵无淤塞、无垃圾堆积、无杂草蔓生,确保排水畅通;通道桥涵无垃圾、无堆积物,保持通道整洁,保证通行功能。

A.1.4 隧道

A.1.4.1 隧道侧墙、门墙清洗作业

A.1.4.1.1 适用范围

适用于高速公路隧道侧墙、门墙等的清洗保洁。

A.1.4.1.2 材料要求

机械清洗高速公路隧道侧墙、门墙等作业材料主要采用洗涤液、稀盐酸等,具体数量视清洗工作量而定。

A.1.4.1.3 作业方法

a) 准备工作

检查各种设备特别是清洗车的性能是否正常,并准备好各种清洗辅助材料。

b) 喷洒洗涤液

先将洗涤液稀释,然后均匀地喷洒在需要清洗的隧道侧墙、门墙上,以起到稀释污垢的作用。

c) 清洗侧墙、门墙

起动清洗车对隧道侧墙、门墙等进行清洗,清洗车应缓慢匀速地进行清洗,确保清洗效果。

d) 人工补洗

清洗作业过程中,对于机械无法清洗的部位或机械无法去除的污垢,则采用工人检查补洗的方式处理。人工清洗时,配合使用海绵刷、扫把、钢丝球或抹布等工具进行作业,对于一些较难清洗的部位,如隧道内饰渗出的钙质,则用稀盐酸慢慢擦洗干净。

e) 洒水车冲洗

在机械和人工清洗完毕后,用洒水车进行一次全面冲洗,以提高清洗效果。

A.1.4.1.4 质量标准

a) 路面无明显积水和污垢,干净整洁。
b) 隧道侧墙、门墙等无明显灰尘、污垢,清晰明亮。

A.1.4.2 隧道路面清洗作业

A.1.4.2.1 适用范围

适用于高速公路隧道路面的清洗保洁作业。

A.1.4.2.2 材料要求

机械清洗高速公路隧道洞内路面作业材料主要采用洗涤液等清洗剂,具体数量视清洗工作量而定。

A.1.4.2.3 作业方法

a) 准备工作

检查各种设备特别是清洗车的性能是否正常,并准备好各种清洗辅助材料。

b) 喷洒洗涤液

先将洗涤液稀释,然后均匀地喷洒在需要清洗的隧道路面上,以起到稀释污垢的作用。

c) 清洗路面

起动清洗车对隧道路面进行清洗,清洗车应缓慢匀速地进行清洗,确保清洗效果。

d) 人工补洗

清洗作业过程中,对于机械无法清洗的部位或机械无法去除的污垢,则采用人工检查补洗的方式处理。人工清洗时,配合使用海绵刷、扫把、钢丝球或抹布等工具进行作业。

e) 洒水车冲洗

隧道路面在机械和人工清洗完毕后,用洒水车进行一次全面冲洗,以提高清洗效果。

A.1.4.2.4 质量标准

隧道路面整洁、无污染。

A.1.5 交通安全设施

A.1.5.1 标志牌清洗作业

A.1.5.1.1 适用范围

适用于高速公路交通标志牌的清洗保洁作业。

A.1.5.1.2 材料要求

清洗用洗涤剂一般采用洗洁精或洗衣粉等,具体数量视清洗工作量而定。

A.1.5.1.3 作业方法

a) 准备工作

出发前先检查有关设备是否正常,并备齐各种清洗辅助材料和工具,洒水车加满水。

b) 人工清洗

清洗标志牌时,人工用海绵刷沾洗涤溶液反复擦洗,直至擦洗干净,然后再用高压水冲洗一遍。对于需要高空作业的,必须架设移动升降设备。

A.1.5.1.4 质量标准

标志牌干净整洁,反光效果良好。

A.1.5.2 防眩设施清洗作业

A.1.5.2.1 适用范围

适用于高速公路中央分隔带防眩设施的清洗作业。

A.1.5.2.2 材料要求

清洗用洗涤剂一般采用洗洁精或洗衣粉等,具体数量视清洗工作量而定。

A.1.5.2.3 作业方法

a) 准备工作

出发前先检查有关设备是否正常,并备齐各种清洗辅助材料和工具,洒水车加满水。

b) 人工清洗

作业时每名工人配备一个装洗涤液的胶桶和抹布,对防眩设施反复擦洗,直至擦洗干净。

A.1.5.2.4 质量标准

防眩设施干净、整洁。

A.1.5.3 护栏清洗作业

A.1.5.3.1 适用范围

适用于高速公路护栏的清洗作业。

A.1.5.3.2 材料要求

机械清洗高速公路设施作业辅助材料主要采用洗涤液等,具体数量视清洗工作量而定。

A.1.5.3.3 作业方法

a) 准备工作

检查各种设备的性能是否正常,并准备好各种清洗辅助材料。

b) 机械清洗

起动清洗车对护栏进行清洗,清洗车应缓慢匀速地进行清洗,确保清洗效果。

c) 人工补洗

清洗作业过程中,对于机械无法清洗的部位或机械无法去除的污垢,则由人工使用海绵刷等工具进行补洗。

d) 洒水车冲洗

在机械和人工清洗完毕后,用洒水车对护栏进行一次全面冲洗,以提高清洗效果。

A.1.5.3.4 质量标准

护栏干净、无污渍。

A.1.5.4 水马、防撞桶清洗作业

A.1.5.4.1 适用范围

适用于高速公路水马、防撞桶的清洗作业。清洗用洗涤剂一般采用洗洁精或洗衣粉等,具体数量视清洗工作量而定。

A.1.5.4.2 作业方法

a) 准备工作

出发前先检查有关设备是否正常,并备齐各种清洗辅助材料和工具,洒水车加满水。

b) 人工清洗

作业时每名工人配备一个装洗涤液的胶桶和抹布,对水马、防撞桶反复擦洗,直至擦洗干净。

A.1.5.4.3 质量标准

水马、防撞桶干净、无明显污垢。

A.1.5.5 水马、防撞桶维护作业

A.1.5.5.1 适用范围

适用于高速公路水马、防撞桶等设施的维护作业。

A.1.5.5.2 材料要求

水马、防撞桶维护所需材料主要是沙和水。

A.1.5.5.3 作业方法

a) 准备工作

准备填充材料及更换用的水马、防撞桶。

b) 设施维护

对摆放不整齐的水马、防撞桶进行重新摆放。

c) 填充材料补充

检查水马,当水马内水量不足时及时加水;检查防撞桶,如出现损坏而导致填充材料减少的,及时修复补充。

A.1.5.5.4 质量标准

水马、防撞桶摆放整齐,材料填充量满足要求。

A.1.5.6 避险车道翻松、平整作业

A.1.5.6.1 适用范围

适用于高速公路避险车道翻松、平整作业。

A.1.5.6.2 作业方法

a) 机械翻松及整平

挖掘机对避险车道内鹅卵石进行翻松作业,挖掘深度为 0.5m~0.8m,然后对翻松后的位置进行整平。

b) 人工整平

人工用铁铲将机械整平后的鹅卵石车道进一步整平,使车道基本平整。

A.1.5.6.3 质量标准

避险车道翻松到位,表面平顺。

A.1.6 绿化

A.1.6.1 洒水作业

A.1.6.1.1 适用范围

适用于高速公路中央分隔带、路侧、互通立交、管理区等部位绿化苗木、花草的洒水作业。

A.1.6.1.2 作业方法

a) 对于高速公路中央分隔带、路侧、互通立交等部位的绿化采用机械洒水作业,对管理区的绿化采用人工洒水作业。
b) 在进行中央分隔带和路侧乔、灌木枝叶和根部洒水作业时,洒水车应缓慢、匀速行驶。在进行互通立交绿化洒水作业时,应将洒水车停靠在主线路肩位置,并做好交通管制。洒水时应注意控制好水压且应浇透。
c) 在进行管理区绿化洒水作业时,每次洒水必须浇透,无漏洒现象。
d) 洒水作业一般在早晨或傍晚进行。夏季气温较高时严禁在上午8:00至下午5:00之间洒水,以防植物脱水。

A.1.6.1.3 质量标准

洒水量充足,水分应渗透到地表下20cm~30cm,无漏洒现象。

A.1.6.2 割草作业

A.1.6.2.1 适用范围

适用于高速公路土路肩、边坡、中央分隔带、互通立交以及管理收费站区的割草作业。

A.1.6.2.2 作业方法

a) 土路肩、边坡、中央分隔带、互通立交等绿地割草采用割草机作业,割草时留草高度一般不超过10cm,同一部位的留草高度应保持一致,达到整齐美观的效果。
b) 高速公路管理区绿地草坪割草采用草坪机作业,割草时留草高度一般不超过5cm,同一部位的留草高度应保持一致,达到整齐美观的效果。
c) 修剪下来的所有杂草应清扫干净,并将其集中运到指定地点统一处理,严禁将其投放到桥下、河流中、隔离栅外等地方,或堆放于现场隐蔽处,或在现场及附近进行填埋或焚烧。

A.1.6.2.3 质量标准

土路肩、边坡、中央分隔带、互通立交等绿地留草高度不超过10cm,草坪留草高度不超过5cm,同一部位的留草高度应保持一致。

A.1.6.3 修剪作业

A.1.6.3.1 适用范围

适用于高速公路中央分隔带、路侧、管理区、互通立交等部位乔木、灌木的修剪作业。

A.1.6.3.2 作业方法

a) 灌木修剪

中央分隔带灌木修剪作业时,先采用车载式修剪机对灌木顶面和两侧进行修剪,再人工进行造型修剪,同时将灌木的枯枝、病枝一并剪除。灌木顶面要修剪平顺,高度一致,同时为达到防眩效果,防眩高度宜控制在1.6m~1.7m之间;侧面修剪时,应将伸出波形梁钢护栏范围外的枝条全部剪除,修剪要整齐且冠幅统一。

路侧、管理区、互通立交等部位的灌木采用绿篱机进行修剪,修剪时同一品种的灌木应做到高度一致、冠幅统一。

b) 乔木修剪

乔木修剪主要是对侵入公路设施界限、遮挡交通标志、影响行车视线的枝条进行剪除。修剪时应先剪大枝后剪小枝,剪口平滑、不得劈裂,对于高大树枝还应架设木梯进行修剪。

c) 现场清理

修剪下来的所有枝叶应清扫干净,并将其集中运到指定地点统一处理,严禁将其投放到桥下、河流中、隔离栅外等地方,或堆放于现场隐蔽处,或在现场及附近进行填埋或焚烧。

A.1.6.3.3 质量标准

灌木修剪冠幅统一、高度一致、防眩高度符合要求,修剪后绿化带整齐美观;乔木修剪后无侵入公路设施界限、遮挡交通标志、影响行车视线现象。

A.1.6.4 除草与松土作业

A.1.6.4.1 适用范围

适用于高速公路绿化苗木的除草与松土作业。

A.1.6.4.2 作业方法

a) 人工除草

苗木除草范围是从树干基部到树冠滴水线以外20cm～30cm,此范围内的杂草、爬藤植物等均应连根除去。对于较长的杂草先用镰刀割除,再用锄头挖除其根;对于较短的杂草直接用锄头挖除。

b) 人工松土

苗木松土范围为树盘除草范围,松土深度为10cm左右。松土时应注意不得破坏苗木根系。

c) 现场清理

修剪的杂草应清扫干净,并将其集中运到指定地点统一处理,严禁将其投放到桥下、河流中、隔离栅外等地方,或堆放于现场隐蔽处,或在现场及附近进行填埋或焚烧。

A.1.6.4.3 质量标准

除草范围符合要求,从树干基部到树冠滴水线以外20cm～30cm范围内无杂草;松土范围符合要求,松土深度为10cm左右。

A.1.6.5 机械施肥作业

A.1.6.5.1 适用范围

适用于中央分隔带、路侧以及其他部位的灌木、绿篱、花草、乔木机械施肥作业。

A.1.6.5.2 材料要求

机械施肥作业采用水肥,水肥按水:复合肥＝100:10～100:15的比例配置。

A.1.6.5.3 作业方法

a) 溶解肥料

将复合肥倒入水桶中,加入适量水后充分搅拌,使肥料完全溶解。

b) 配置水肥

将溶解好的肥料倒进洒水车中,按水:复合肥＝100:10～100:15的比例往洒水车中加水,配置水肥。

c) 喷洒水肥

喷洒作业时,喷头对准绿化苗木根部(树冠滴水线范围)喷洒水肥。喷洒时水压应合适,喷洒量以能淋透苗木根部为宜。

A.1.6.5.4 质量标准

肥料溶解充分,水肥比例合适,苗木根部充分淋透。

A.1.6.6 人工施肥作业

A.1.6.6.1 适用范围

适用于高速公路绿化苗木施基肥和追肥作业。

A.1.6.6.2 材料要求

基肥肥料采用有机肥,追肥肥料采用比例为有机肥:复合肥＝1:1的混合肥。

A.1.6.6.3 作业方法

a) 开穴

施基肥时,一般在树盘对角开两穴,穴的位置在树冠滴水线边沿,规格一般为长×宽×深＝40cm×20cm×35cm;追肥时可开浅穴,规格为长×宽×深＝30cm×20cm×20cm;绿篱植物则采用开沟追肥。

b) 施肥

将有机肥或配置好的混合肥倒入开挖好的穴中,然后用土回填肥穴并整平踩实,最后将苗木根部淋透水。

基肥施肥量:乔木和大灌木施肥量为1.0kg/株,小灌木为0.5kg/株,绿篱植物开沟追肥为$1.0kg/m^2$。

追肥施肥量:乔木和大灌木施肥量为0.25kg/株,小灌木为0.15kg/株,绿篱植物为$0.25kg/m^2$。

A.1.6.6.4 质量标准

施肥量符合要求。

A.1.6.7 杀虫作业

A.1.6.7.1 适用范围

适用于高速公路绿化苗木的杀虫作业。

A.1.6.7.2 材料要求

杀虫作业选用农药应遵循内吸型与触杀型结合、生物农药与化学合成农药结合的原则,尽量选择低毒农药。作业时根据病虫害的种类选择相应的农药,按照使用说明书要求进行稀释后再使用。

A.1.6.7.3 作业方法

a) 按照使用说明书的要求稀释农药,将农药与水混合制成一定浓度的药剂,病虫害严重时可适当加大浓度。
b) 将配制好的药剂倒入喷药机内,然后对树冠进行喷洒。作业时要喷洒均匀,不漏喷、少喷,喷洒量以树冠湿润刚滴水为度。
c) 喷药作业应避开高温天气和阳光过强的中午,宜选择在晴天下午3:00时以后喷药,以确保病虫害防治效果。

A.1.6.7.4 质量标准

喷药后病虫害的防治率达95%以上。

A.1.6.8 乔木支架作业

A.1.6.8.1 适用范围

适用于高速公路范围内乔木的支撑作业。

A.1.6.8.2 作业方法

a) 材料准备

支架作业施工前,根据工作量大小准备足够的竹竿或木杆。竹竿或木杆直径应不小于30mm,长度为1.8m~2.0m。

b) 支架绑扎

苗木的支架高度一般为1.5m~1.7m,采用三角支撑,即每株苗木用三根竹竿或木杆支撑,且支撑角度须基本保持相同。支撑好后,用绳子将交叉处绑扎牢固。

A.1.6.8.3 质量标准

支架牢固。

A.2 小修保养作业

A.2.1 路基

A.2.1.1 边坡土石方局部维修作业

A.2.1.1.1 适用范围

适用于高速公路边坡小塌方、冲沟、开裂和沉陷等小面积轻微病害的处治,包括平整土路肩,清理土石方,回填土、沙包、浆砌片石、碎石,土路肩硬化等作业。

A.2.1.1.2 材料要求

回填材料要求透水性良好。

A.2.1.1.3 作业方法

a) 土路肩平整

人工对土路肩进行修整,使其表面平整,排水顺畅。

b) 土质边坡小塌方处治

1) 清理:清理原塌方面松散土方直至坡面稳定。清理过程中应遵循从上到下的原则。
2) 加固措施:如塌方处边坡坡面较稳定,且边坡坡度较缓,可用回填土夯实的方法进行处治。采用回填夯实方法时,在稳定面上开挖成阶梯状,然后分层回填土方,并用打夯机分层夯实。夯实后的坡面要稍大于原有的坡面,以便修整后与原坡面衔接平顺。边坡整平后需补植草皮,恢复边坡绿化。

3) 若土方含水率大,不宜回填夯实,可用回填沙包的方法处理;反之,则可采用浆砌片石护坡的方法进行处治。

4) 应急处治:边坡发生小塌方后,若天气不见好转,为防止边坡塌方进一步扩大,可先打松木桩(长2m~4m),再用沙包进行临时回填,待天气好转后,采用浆砌片石进行护坡修复。

5) 采用浆砌片石护坡时,应开挖基础砌筑片石。要求浆砌片石坡面要与原坡面衔接平顺。

c) 边坡冲沟和缺口处治

1) 先清理冲沟和缺口松散部分土体,再用黏结性良好的黏性土修补夯实。
2) 对于较大的冲沟和缺口,可按小塌方处治作业方法施工。
3) 对于出现冲沟和缺口的边坡,还应查找涌水方向,开沟隔断水源,将水引向他处,避免再次冲刷。

d) 边坡开裂和沉陷处治

1) 边坡坡体比较稳定时,可采用黏性土对开裂和沉陷部位进行填塞夯实,以防止地表水渗入。
2) 如边坡坡度不陡于1:1.5,且边坡只有表层出现开裂和沉陷时,可采用在边坡上分排打入松木桩(长2m~4m、直径10cm左右)的方法进行稳固,并在坡面植草恢复绿化。

A.2.1.1.4 质量标准

边坡或土路肩的坡面平整、坚实,与原坡面衔接平顺、坡度基本一致,坡体稳定,整齐美观。

A.2.1.2 边坡、排水设施砌体防护局部维修作业

A.2.1.2.1 适用范围

适用于边坡砌体出现裂缝、破损、空洞、塌陷等病害时的加固。

A.2.1.2.2 材料要求

a) 片石:采用无风化、强度符合要求、表面洁净、具有一定平整面的片石;
b) 水泥混凝土预制块:外形尺寸与原水泥混凝土预制块相同、强度不小于原水泥混凝土预制块强度;
c) 水泥:水泥采用42.5级普通硅酸盐水泥,具有出厂证明,抽检合格,出厂日期一般不超过3个月;
d) 砂:宜采用洁净无杂质的中、粗砂,要求含泥量不超过5%;
e) 水:采用自来水或不含有害杂质的洁净水。

A.2.1.2.3 作业方法

边坡、排水设施砌体防护局部维修作业流程如图A.1所示。

a) 砂浆拌制

1) 按配合比用量,用人工或搅拌机拌制砂浆。
2) 砂浆拌好后应及时使用,一般应在2h内用完。

b) 片石(水泥混凝土预制块)砌体维修

1) 拆除砌体的损坏部位,将修补范围清理干净,在进行修补之前浇水润湿修补面。
2) 挂线:按原有边坡砌体的坡面挂线,以控制修复面的坡度和平整度。

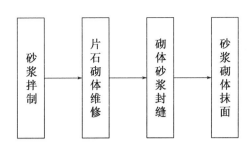

图 A.1 边坡、排水设施砌体防护局部维修作业流程图

  3) 砌筑:采用坐浆法砌筑,要求上下错缝、内外搭接,控制施工灰缝宽度在 20mm～30mm 之间。
  4) 勾缝:用 3mm 孔径筛子将砂过筛,水泥、砂按 1:1 的比例配制勾缝砂浆;勾缝自上而下进行,勾缝形式与原砌体的勾缝形式相同。
  5) 养生:砌体维修完成后,洒水湿润养生。
- c) 砌体砂浆封缝
  1) 清扫边坡砌体所产生的裂缝,沿裂缝洒水湿润缝隙。
  2) 用 3mm 孔径筛子将砂过筛,水泥、砂按 1:1 的比例配制勾缝砂浆;往裂缝内填塞砂浆,砂浆填塞好后,按原砌体的勾缝形式(平缝、凹缝或凸缝)进行勾缝。
- d) 砂浆砌体抹面
  原有砌体抹面出现开裂、脱落后应清除损坏部分重新抹面。要求抹面施工部位与周边坡面衔接处封闭严密、不漏水。施工中应检查泄水孔、伸缩缝的功能,如有损坏及时修复。

A.2.1.2.4 质量标准

- a) 石材、水泥混凝土预制块、砂、水、砂浆的性能和强度等级符合要求;
- b) 新旧砌体应衔接自然、线形平顺,新砌体坡面应平整、与原坡面坡度基本一致,整体坚实;
- c) 整齐美观、基本恢复原状;
- d) 封(勾)缝平顺密实、缝宽均匀、无脱落现象,砌体砂浆抹面应平整压光;
- e) 排水孔排水畅通,无淤塞,无垃圾堆积,无杂草蔓生。

A.2.2 路面

A.2.2.1 水泥混凝土路面

A.2.2.1.1 缩缝、施工缝及胀缝填缝料更换作业

A.2.2.1.1.1 适用范围

适用于高速公路水泥混凝土路面缩缝、施工缝及胀缝填缝料的更换作业。

A.2.2.1.1.2 材料要求

填缝料应选用与水泥混凝土接缝槽壁黏结力强、回弹性好、适用水泥混凝土板收缩、不溶于水、不渗水、高温时不流淌、低温时不脆裂、耐老化、有一定抵抗砂石嵌入的能力、便于施工操作的材料。

填缝背衬条采用具有弹性良好、柔韧性好、不吸水、耐酸碱腐蚀及高温不软化等性能的材料。

A.2.2.1.1.3 作业方法

缩缝、施工缝及胀缝填缝料更换作业流程如图 A.2 所示。

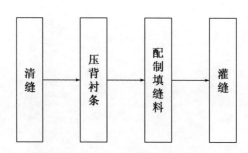

图A.2 缩缝、施工缝及胀缝填缝料更换作业流程图

a) 清缝
   1) 用钢丝刷清理出缝内已剥离的旧填缝料。
   2) 接缝自然干燥或用热气喷枪烘干后，用清缝机清缝。
   3) 吹风机吹净接缝内的浮尘和杂质。
b) 压背衬条
   将背衬条平放在接缝上方，用压轮把背衬条压入缝内。背衬条需要搭接时，接头应紧密、不重叠。
c) 配制填缝料
   1) 用双组分或多组分常温填缝料时，应准确按比例将几种原材料拌均匀后灌缝，每次准备时间不宜超过1h。
   2) 使用热石油沥青、改性沥青或橡胶沥青灌缝时，应加热熔化至易于灌缝的温度，搅拌均匀，并保温灌缝。
d) 灌缝
   把灌缝设备灌缝口对准缝口，慢而均匀地沿缝灌注填缝料。高温期灌缝时，顶面宜与板面齐平；低温时，顶面应填刮成凹面，中心宜低于板面2mm～3mm。

A.2.2.1.1.4 开放交通

采用常温灌法施工时须待填缝料固化后方可开放交通；采用热灌法施工时应待灌缝料完全冷却后方可开放交通。

A.2.2.1.1.5 质量标准

灌缝必须饱满、均匀，灌注深度应达到规范要求。

A.2.2.1.2 裂缝开槽灌缝作业

A.2.2.1.2.1 适用范围

适用于高速公路水泥混凝土路面缝宽大于10mm且小于20mm裂缝的开槽灌缝作业。

A.2.2.1.2.2 材料要求

填缝材料应采用聚乙烯胶泥、焦油类材料、橡胶沥青等加热式填缝料，或选用聚氨酯油类常温式填缝料。填缝材料应具有与混凝土板壁黏结牢固、弹性好、不溶于水、不渗水、高温时不流淌、低温时不脆裂、耐久性好等性能。

A.2.2.1.2.3 作业方法

裂缝开槽灌缝作业流程如图A.3所示。

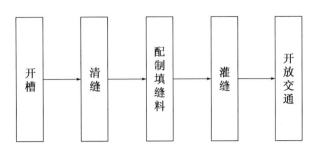

图 A.3 裂缝开槽灌缝作业流程图

a) 开槽

用开槽机沿裂缝进行切边，宽度10mm～20mm，深度20mm～30mm。

b) 清缝

1) 接缝自然干燥或用热气喷枪烘干后，用清缝机清缝。
2) 吹风机吹净接缝内的浮尘和杂质。

c) 配制填缝料

加热式填缝料在升温加热时应按要求控制温度，避免填缝料老化；常温式填缝料应严格按照使用说明书中的比例进行配制。

d) 灌缝

把灌缝设备灌缝口对准缝口，慢而均匀地沿缝灌注填缝料。高温季节灌缝时，顶面宜与板面齐平；低温季节时，顶面应填刮成凹面，中心宜低于板面2mm～3mm。

e) 开放交通

采用热灌法施工时应待灌缝料完全冷却后方可开放交通；采用常温灌法施工时须待填缝料固化后方可开放交通。

A.2.2.1.2.4 质量标准

灌缝必须饱满、均匀、连续，灌注深度应达到规范要求，灌缝完工后不得存在渗水现象。

A.2.2.1.3 面板维修作业

A.2.2.1.3.1 适用范围

适用于高速公路水泥混凝土路面整体板块进行更换的施工作业。

A.2.2.1.3.2 材料要求

水泥、砂、碎石、钢筋等原材料符合规范要求。水泥混凝土采用厂拌法生产。

A.2.2.1.3.3 作业方法

面板维修作业流程如图 A.4 所示。

a) 凿除旧路面

1) 采用挖掘机凿除旧路面，面板边缘部分则用人工配合风镐凿除。挖掘机在不需修补的路面面板上移动时履带必须加装硬塑料垫板或人工铺垫胶皮。
2) 作业时若相邻面板出现啃边，须用切割机将啃边部位切割成方形，用风镐凿除，一并浇筑混凝土。
3) 作业时尽量避免损坏原路面拉杆和传力杆。
4) 混凝土废渣用自卸车运离现场并集中统一堆放于指定地点。

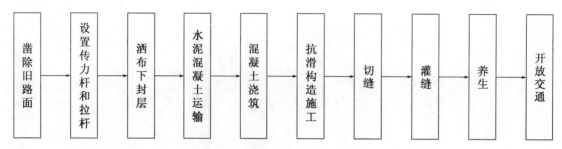

图 A.4 面板维修作业流程图

b) 设置传力杆和拉杆

当原路面无拉杆、传力杆或原路面拉杆、传力杆损坏时则在新旧路面间按原路面设置拉杆和传力杆或按下述原则设置：

——传力杆设置：

1) 在新旧路面面板交界处，用钻孔机在旧混凝土板 1/2 板厚位置处每隔 30cm 钻一直径为 28mm、深为 22.5cm 的水平孔。
2) 用压缩空气清除孔内混凝土碎屑。
3) 向孔内填充环氧砂浆。
4) 在旧混凝土板侧向涂刷沥青，将直径为 25mm、长为 45cm 的光圆钢筋插入旧混凝土面板孔中，间距为 30cm。要确保传力杆和拉杆顺直、有效。

——拉杆设置：

拉杆的设置方式与传力杆设置方式基本一致，不同之处在于拉杆钻孔一般间距为 60cm，钻孔直径为 18mm，钻孔深度为 35cm，拉杆为直径 14mm、长 70cm 的螺纹钢筋。

c) 洒布下封层

在浇筑水泥混凝土面层前在基层上洒布乳化沥青下封层，洒布量宜不低于 $1.0kg/m^2$。

d) 水泥混凝土运输

水泥混凝土采用厂拌法拌制，采用混凝土搅拌运输车运输。混凝土运输车进出路槽时，应在旧路面端垫三角撑铁等，在路槽上应缓慢行驶，防止损坏两端旧板和路槽基层。

e) 混凝土浇筑

1) 面板宜采用三辊轴整平机铺筑，对小面积面板维修时混凝土也可采用小型机具铺筑。
2) 采用三辊轴整平机时，摊铺、整平、振实、提浆、找平由施工机械一次成型；采用小型机具铺筑时，则用插入式振动棒加平板振动器的方式进行振捣，用滚筒进行找平。水泥混凝土振捣持续时间以拌和物停止下沉、不再冒气泡并泛出水泥浆为准。
3) 人工采用铝合金刮尺沿纵横两个方向对水泥混凝土表面进行精平，直到平整度符合要求。

f) 抗滑构造施工

1) 摊铺完毕或精平表面后，宜使用钢支架拖挂 1 层～3 层叠合麻布、帆布或棉布，洒水湿润后作拉毛处理。布片接触路面长度在 70cm～150cm 之间为宜，细度模数偏大的粗砂，拖行长度取小值；而细度模数偏小的细砂，拖行长度取大值。人工修整表面时，宜使用木抹。用钢抹修整过的光面，必须再作拉毛处理，以恢复细观抗滑构造。
2) 高速公路混凝土路面宜采用硬刻槽方式，凡使用圆盘、叶片式抹面机精平后的混凝土路面、钢纤维混凝土路面必须采用硬刻槽方式制作抗滑沟槽。可采用等间距刻槽，其几何尺寸与上款相同；为降低噪声宜采用非等间距刻槽，尺寸宜为：槽深 3mm～5mm，槽宽 3mm，槽间距在 12mm～24mm 之间随机调整。路面结冰地区，硬刻槽的形状宜使用上宽 6mm、下窄 3mm 的梯形槽；硬刻槽机重量宜重不宜轻，一次刻槽最小宽度不应小于 50cm，硬刻槽时不应掉边角,亦不得中途抬起或改变方向,并保证硬刻槽一面板边缘抗压强度达到40%后方可开始硬刻槽,并宜在两周内完成。硬刻槽后应随即将路面冲洗干净,并恢复路面的养生。

3) 一般路段可用横向槽或纵向槽,在弯道或要求减噪的路面宜使用纵刻槽。

g) 切缝

当混凝土强度达到设计强度的25%～30%时,采用切割机切缝。接缝位置与旧路面相同,切缝深度应不小于1/4板厚。

h) 养生

水泥混凝土采用棉毡等洒水覆盖养生,待混凝土抗折强度达到规定要求以后方可结束养生。

i) 灌缝

混凝土养生结束后,再对接缝进行清理并灌缝。

j) 开放交通

灌缝材料冷却后方可开放交通。

A.2.2.1.3.4 质量标准

a) 新旧路面面板之间,应按规范要求设置横向接缝传力杆、纵向接缝拉杆。接缝的位置、规格、尺寸和传力杆、拉杆的设置以及补强钢筋网的制作安装等应符合图纸和规范要求;
b) 重新浇筑的水泥混凝土强度不应低于原设计强度;
c) 新浇筑的混凝土面板与旧面板应衔接平顺,表面纹理一致(采用硬刻槽),其平整度(包括接缝在内)不超过3mm。

A.2.2.1.4 水泥混凝土基层换填作业

A.2.2.1.4.1 适用范围

适用于采用素混凝土对水泥混凝土路面基层进行更换补强的施工作业(当沥青路面基层需进行更换补强时,可参照执行)。

A.2.2.1.4.2 材料要求

宜采用厂拌C20水泥混凝土。

A.2.2.1.4.3 作业方法

水泥混凝土基层换填作业流程如图A.5所示。

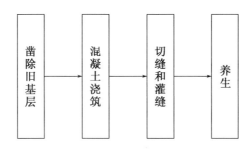

图 A.5 水泥混凝土基层换填作业流程图

a) 凿除旧基层

采用挖掘机挖除旧基层,旧基层边缘部分则用人工凿除。作业时应避免损坏底基层。

b) 混凝土浇筑
   1) 摊铺:一般采用人工摊铺。摊铺时应分段依次进行,松铺厚度比原基层略高。
   2) 振捣:采用插入式振动棒加平板振动器组合施工。振捣时对缺料部位辅以人工补料找平。
   3) 整平:混凝土振捣完成后,采用铝合金尺对混凝土面刮平,对于边角部位,人工用刮子刮平。整平后混凝土顶面应不高于原基层顶面。
c) 切缝和灌缝
   当混凝土强度达到设计强度的25%～30%时,采用切割机切缝。接缝位置与旧路面相同,切缝深度应不小于基层厚度的1/4。混凝土养生结束后,再进行灌缝。
d) 养生
   混凝土采用棉毡等洒水覆盖养生,待混凝土抗折强度达到相关规定要求以后才可结束养生,养生结束灌缝完毕后方可进行面层混凝土的浇筑。

A.2.2.1.4.4 质量标准

混凝土表面平整,抗压强度符合要求;换填后的混凝土基层顶面应与旧基层顶面齐平。

A.2.2.1.5 板底脱空压浆作业

A.2.2.1.5.1 适用范围

适用于采用浅层压浆的方法对水泥混凝土路面板底脱空进行处治的作业。

A.2.2.1.5.2 材料要求

a) 水泥:应采用早强型的水泥。采用强度不低于42.5R级的硅酸盐水泥和普通硅酸盐水泥。
b) 水:采用自来水或不含有害杂质的洁净水。
c) 外掺剂:为减少混凝土拌合物的用水量,改善和易性,节约水泥用量,提高混凝土强度,可掺入一定量的减水剂;为提高混凝土早期强度或缩短养生时间,可掺入早强剂;为保证混凝土耐磨性,不掺或少掺粉煤灰。

A.2.2.1.5.3 作业方法

板底脱空压浆作业流程如图A.6所示。

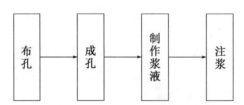

图A.6 板底脱空压浆作业流程图

a) 布孔
   依据路面的分块形式,每块板布设5个孔,分布于板块的4个角和中心位置,边角四孔距离板角两边50cm,中间孔位于对角线交点上。
b) 成孔
   采用电动成孔机钻孔,孔深以钻穿路面面板不超过底基层为宜,孔内清理干净。
c) 制作浆液
   注浆材料一般采用水泥净浆,并掺入一定比例的复合外加剂。应根据规定的强度通过试验确定浆液的配合比。制做浆液时各种材料掺量要准确,搅拌混合均匀,并随配随用,防止离析。
d) 注浆
1) 注浆前将注浆阀头牢固地安装在灌浆孔中。
2) 注浆分两次进行。第一次注浆时,注浆压力一般控制在 0.3MPa～0.5MPa 之间,瞬时压力最高不能超过 1.0MPa。第一次注浆完毕,20min 后再进行第二次注浆,第二次注浆压力应不高于第一次。每次注浆完毕或出现溢浆时应及时用木楔堵孔。注浆过程中出现以下情况之一时应终止注浆:相邻孔或接(裂)缝中溢浓浆,但混凝土板块未显著抬升;未出现溢浆现象,但混凝土板块出现明显抬升。
3) 同一板块的注浆顺序应遵循先四角、后中央的原则,确保板底脱空部位浆液饱满密实。

A.2.2.1.5.4 质量标准

压浆完成后,路面面板应无明显错台,板底与基层顶面之间应填充密实(芯样完整、密实、无松散),混凝土板雨后无唧浆现象。

A.2.2.1.6 碎石盲沟施工作业

A.2.2.1.6.1 适用范围

适用于采用设置碎石盲沟的方法处治水泥混凝土路面基层排水不畅的施工作业(当沥青路面采用设置碎石盲沟的方法处治基层排水不畅时,可参照执行)。

A.2.2.1.6.2 材料要求

碎石盲沟所用的碎石粒径宜为 2cm～4cm,碎石应洁净无尘。恢复水泥混凝土面层时,所用材料应符合规范要求。

A.2.2.1.6.3 作业方法

碎石盲沟施工作业流程如图 A.7 所示。

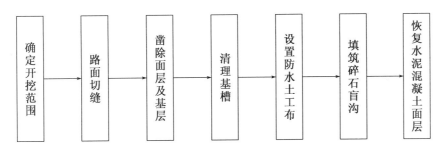

图 A.7 碎石盲沟施工作业流程图

a) 确定开挖范围
   确定唧浆病害位置,以此为中心为开设盲沟,并确定面层开挖范围大小。用粉笔将处治范围划成方形。

b) 路面切缝
   用切割机对准粉笔划好的处治范围标线切缝,切缝时注意走线顺直。基层凿除前也应切缝。分层修补时,层间应形成阶梯搭接,搭接宽度一般为 10cm 左右。

c) 凿除面层及基层
   处治范围切割好后,用风镐或电镐等凿除工具凿除原水泥混凝土面层和原基层,开挖至基层底面。为保证排水效果,坑槽底部应平整,建议横向盲沟排水坡度大于 4%。凿除的废料应装车统一运离现场,不得随意弃于路边。

d) 清理基槽

先用铁铲、扫把清理掉松散混合料,然后再用吹风机将槽内细小松散颗粒吹扫干净,保证下承层表面平整密实,干净干燥。

e) 设置防水土工布

盲沟开挖后应对沟底进行防水处理,以防止路基渗水,将防水土工布(搭接部分须有15cm的重叠)放置在盲沟沟底及两侧,并保持其平顺,填筑盲沟材料后用土工布包裹其顶面。

f) 填筑碎石盲沟

盲沟应按一定比例分层填筑,每层厚约15cm。

g) 恢复水泥混凝土面层

按照A.2.2.1.3.3中规定的作业方法恢复面层水泥混凝土。

A.2.2.1.6.4 质量标准

盲沟具体尺寸、位置和施工工艺应符合设计要求;设置碎石盲沟后的路面无唧浆现象。面层水泥混凝土施工质量符合要求。

A.2.2.2 沥青路面

A.2.2.2.1 裂缝封补作业

A.2.2.2.1.1 适用范围

适用于采用压缝带对沥青路面缝宽小于3mm的裂缝进行处治的作业。

A.2.2.2.1.2 材料要求

裂缝封补作业材料分为常温式和加热式压缝带,压缝带应具备良好的黏结性、弹性、耐水性、高温稳定性、低温抗裂性和耐久性等性能。

A.2.2.2.1.3 作业方法

裂缝封补作业流程如图A.8所示。

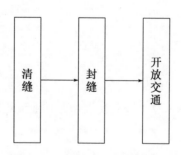

图 A.8 裂缝封补作业流程图

a) 清缝

用吹风机吹除缝隙内浮尘和杂质等,确保缝隙内干净,必要时应用喷火枪烘烤至干燥。

b) 封缝

采用常温式压缝带封缝时直接将压缝带粘贴在裂缝上,并对压缝带进行压实,使压缝带与路面黏结牢固;采用加热式压缝带封缝时,用喷火枪烘烤压缝带粘贴面至表面熔化,然后对准裂缝粘贴。粘贴时裂缝应位于压缝带的中间位置。

c) 开放交通

常温式压缝带封缝施工完毕后可直接开放交通；加热式压缝带封缝施工完毕待封缝条冷却至常温后开放交通。

A.2.2.2.1.4 质量标准

压缝带与路面粘贴密实、牢固，表面平整，不渗水。

A.2.2.2.2 裂缝灌缝作业

A.2.2.2.2.1 适用范围

适用于采用开槽灌缝的方法对沥青路面缝宽大于3mm的裂缝进行处治的作业。

A.2.2.2.2.2 材料要求

填缝材料应具备良好的黏结性、弹性、耐水性、高温稳定性、低温抗裂性和耐久性等性能。可采用普通道路石油沥青、改性沥青等。

A.2.2.2.2.3 作业方法

裂缝灌缝作业流程如图 A.9 所示。

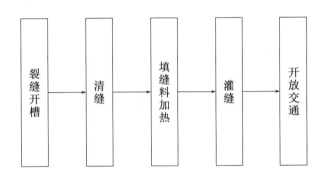

图 A.9 裂缝灌缝作业流程图

a) 裂缝开槽

开槽时使用开槽机对准裂缝中线切割出均匀的方形凹槽，宽度为 10mm~15mm，深度为 20mm~30mm。

b) 清缝

1) 接缝自然干燥或用热气喷枪烘干后，用清缝机清缝。
2) 吹风机吹净接缝内的浮尘和杂质。

c) 填缝料加热

使用热石油沥青、改性沥青灌缝时，应加热熔化至易于灌缝的温度，搅拌均匀，并保温灌缝。

d) 灌缝

把灌缝设备灌缝口对准缝口，慢而均匀地沿缝灌注填缝料。高温季节灌缝时，顶面宜与板面齐平；低温季节时，顶面应填刮成凹面，中心宜低于板面2mm~3mm。

裂缝较深时宜先灌注乳化沥青，裂缝较宽时宜先填充瓜米石。

e) 开放交通

待填缝料冷却至常温后即可开放交通。

A.2.2.2.2.4 质量标准

灌缝饱满、均匀、厚度一致并连续贯通,填缝料不得开裂和渗水。

A.2.2.2.3 冷补料修补坑槽作业

A.2.2.2.3.1 适用范围

适用于高速公路沥青路面坑槽冷补料修补作业。

A.2.2.2.3.2 材料要求

冷补沥青混合料应符合《公路沥青路面养护技术规范》(JTG 5142)的要求。

A.2.2.2.3.3 作业方法

冷补料修补坑槽作业方法根据天气条件分为两种：

a) 雨季期间为保障行车安全而采取应急性快速修补,应急性快速修补坑槽作业流程如图 A.10 所示。

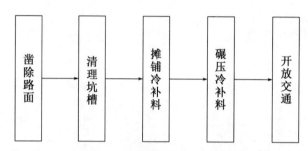

图 A.10 雨季期间应急性快速修补坑槽作业流程图

1) 凿除路面

人工凿除坑槽周围松散部分路面。

2) 清理坑槽

先用铁铲、扫把清理掉松散混合料,再用吹风机将槽内细小松散颗粒及积水吹扫干净。

3) 摊铺冷补料

将冷补料倒入坑槽内,进行人工摊铺并整平,确保冷补料压实后比原路面略高。

4) 碾压冷补料

冷补料用小型压路机或平板夯碾压,保证碾压密实,表面无松散。

5) 开放交通

坑槽修补完毕,将工作面清理干净后开放交通。

b) 规范修补是按"圆洞方补"的原则用冷补沥青混合料对坑槽进行规范性修复,冷补料规范性修补坑槽作业流程如图 A.11 所示。

1) 确定处治范围

坑槽修补按"圆洞方补"的原则进行,坑槽边线应与路中线平行或垂直。病害的处治面积一般为沿病害四周向外再扩大 10cm 左右。

2) 路面切缝

用切割机对处治范围进行切缝,切缝时注意走线顺直,切缝深度不宜超过路面表面层厚度。

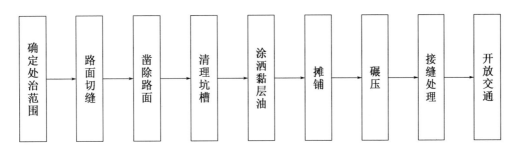

图 A.11 冷补料规范性修补坑槽作业流程图

若路面中下面层也需修补,则需再分层切缝,层间应形成阶梯搭接,搭接宽度一般为10cm左右。

3) 凿除路面

处治范围切割好后,用风镐或电镐等凿除工具凿除病害路面沥青混凝土。施工时应距离切缝5cm左右向处治部位中间凿除。当下面层需要修补时,还应凿除下面层沥青混凝土。凿除沥青混凝土时,沥青黏结层或封层等一并凿除,不留夹层,且保证坑槽底部平整。凿除的废料应装车统一运离现场,不得随意弃于路边。

4) 清理坑槽

先用铁铲、扫把清理掉松散混合料,再用吹风机将槽内细小松散颗粒吹扫干净,若坑槽潮湿时应吹干。

5) 涂洒黏层油

坑槽清理完毕后,在槽的四壁涂刷一道黏层油,坑槽底部也涂刷一层黏层油,黏层油可采用改性乳化沥青。乳化沥青用量为 $0.8kg/m^2 \sim 1kg/m^2$。涂洒黏层油时应注意坑槽四壁不得漏涂,坑槽底部则应尽量涂洒均匀,不宜过多。

6) 摊铺

将冷补沥青混合料倒入坑槽内,人工摊铺整平,确保冷补沥青混合料压实后比原路面略高。

7) 碾压

冷补沥青混合料修整完后,用小型振动压路机及时碾压。碾压时应遵循先四边后中心、先静压后振压、前后左右交替碾压的原则,对于新旧路面接缝处,应骑缝碾压,必要时采用45°斜压。

冷补沥青混合料碾压遍数一般为静压1遍,振压3遍,每次碾压的重叠宽度为压路机轮宽的 $1/3 \sim 2/3$。静压1遍后,马上检查新补路面表面及新旧路面接缝处,对于缺料部位,应即刻补充新料进行碾压。

对于分层摊铺的碾压,当坑槽下面层压路机难以作业时,可用平板夯充分夯实。

8) 接缝处理

在坑槽四周新旧路面接缝处涂洒乳化沥青或粘贴封缝条,确保接缝结合紧密且不渗水。

9) 开放交通

坑槽修补完毕后即可开放交通。

A.2.2.2.3.4 质量标准

坑槽修补完工后,应与四周路面衔接平顺,基本平整,无跳车现象。

A.2.2.2.4 热接缝修补坑槽作业

A.2.2.2.4.1 适用范围

适用于采用热修补设备处治高速公路沥青路面常见的坑槽、松散、泛油、拥包、龟裂、网裂等病害的修补作业。

A.2.2.2.4.2 材料要求

热接缝修补坑槽作业采用的沥青混合料应与原路面沥青混合料具有相同的类型和性能，新补沥青混合料事先由沥青拌和楼集中生产好备用。新补沥青混合料以及涂洒用的改性乳化沥青等材料应符合《公路沥青路面养护技术规范》(JTG 5142)的要求。

A.2.2.2.4.3 作业方法

热接缝修补坑槽作业流程如图 A.12 所示。

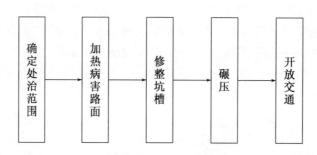

图 A.12 热接缝修补坑槽作业流程图

a) 确定处治范围

　　热接缝修补按"圆坑方补"的原则进行，坑槽边线应与路中线平行或垂直。病害的处治面积一般为沿病害四周向外再扩大 10cm 左右。

b) 加热病害路面

　　处治部位和面积确定后，将修补设备准确就位，放下加热板，根据划定的处治范围来确定加热板需开启的区域。路面加热时间根据混合料的不同而异，以路面混合料可以耙松为原则，普通沥青路面加热时间比改性沥青路面加热时间稍短。加热的温度应严格控制，不得出现明火或混合料烧焦现象；加热深度也应准确控制，在修补层范围内的加热应均匀透彻，不得过多超出修补层厚度范围。

c) 修整坑槽

　　路面加热完毕，用铁铲和铁耙耙松表面混合料。根据耙松后旧路面混合料的可再利用程度，分别按以下三种方式进行处理：

1) 旧料全部弃用

　　当旧路面混合料沥青含量较少、黏结性差、不可再利用时，则全部弃用。

　　路面加热后将旧路面混合料铲除，再用羊镐修边，保证坑槽四壁垂直，轮廓整齐成方形。然后用吹风机将槽内细小松散颗粒吹扫干净，并在坑槽四壁和底部涂洒一层改性乳化沥青，乳化沥青的用量为 $0.8kg/m^2 \sim 1.0kg/m^2$。

　　新混合料使用前应在热修补设备加热箱中加热到规定温度，一般普通沥青混合料的加热温度为 140℃～150℃，改性沥青混合料的加热温度为 160℃～170℃。

　　将新补沥青混合料卸入坑槽中，然后用铁耙把混合料耙平，并尽量使沥青混合料表面粗细料均匀且不出现离析,坑槽四周接缝位置宜用细料填充。新补沥青混合料的松铺系数宜为1.20左右,确保混合料压实后比原路面略高。

2) 旧料部分利用

当旧路面混合料较好、还能部分利用时,则只铲除不能利用的混合料。在添加新沥青混合料之前,先在旧料表面喷洒适量的乳化沥青(根据旧料含油量情况确定),提高旧料与新料的结合效果。

3) 旧料全部利用

当旧路面混合料较好、能全部利用时,则视情况适当添加新沥青混合料。在添加新沥青混合料之前,先在旧料表面喷洒适量的乳化沥青(根据旧料含油量情况确定),提高旧料与新料的结合效果。

当路面中下面层损坏时,应分层修补,且层间形成阶梯搭接,搭接宽度一般为10cm左右。

d) 碾压

沥青混合料修整完后,用小型压路机及时碾压。碾压时应遵循先四边后中心、先静压后振压的原则,对于新旧路面接缝处,应骑缝碾压,必要时采用45°斜压。

沥青混合料碾压宜静压1遍,振压3遍。每次碾压的重叠宽度为压路机轮宽的1/3～2/3。静压1遍后,马上检查新补路面表面及新旧路面接缝处,对于缺料部位,应即刻补充少许新料或细料进行碾压,禁止在碾压多遍后再补充新料。

e) 开放交通

坑槽修补完毕后,将散落于路面的垃圾和废弃料全部清扫干净,待沥青混合料冷却至常温即可开放交通。

A.2.2.2.4.4 质量标准

修补处的混合料应按规范要求充分压实,坑槽修补完成后,应与四周路面紧密衔接,表面平整、整体密实、不渗水,无明显接缝和跳车现象。

A.2.2.2.5 冷接缝修补坑槽作业

A.2.2.2.5.1 适用范围

适用于采用冷接缝修补坑槽工艺处治高速公路沥青路面常见的坑槽、松散、泛油、拥包、龟裂、网裂等病害的修补作业。

A.2.2.2.5.2 材料要求

冷接缝修补坑槽作业采用的沥青混合料应与原路面沥青混合料具有相同的类型和性能,新补沥青混合料事先由沥青拌和楼集中生产好备用。修补面积较大时,可直接采用沥青拌和站生产沥青混合料,并用自卸车运输至现场使用。新补沥青混合料以及涂洒用的改性乳化沥青等材料应符合《公路沥青路面养护技术规范》(JTG 5142)的要求。

A.2.2.2.5.3 作业方法

冷接缝修补坑槽作业流程如图A.13所示。

a) 确定处治范围

热接缝修补按"圆坑方补"的原则进行,坑槽边线应与路中线平行或垂直。病害的处治面积一般为沿病害四周向外再扩大10cm左右。

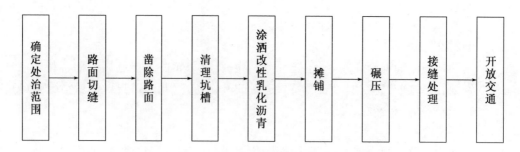

图 A.13 冷接缝修补坑槽作业流程图

b) 路面切缝

用切割机对处治范围进行切缝,切缝时注意走线顺直,切缝深度不宜超过路面表面层厚度。

若路面中下面层也需修补,则需再分层切缝,层间应形成阶梯搭接,搭接宽度一般为 10cm 左右。

c) 凿除路面

处治范围切割好后,用电镐凿除路面病害部位沥青混合料。施工时应距离切缝 5cm 左右向处治部位中间凿除。当中下面层需要修补时,还应分层凿除中下面层沥青混合料,同时将沥青黏结层或封层等一并凿除,不留夹层,且保证坑槽底部平整。

d) 清理坑槽

先用铁铲、扫把清理掉松散混合料,再用吹风机将槽内细小松散颗粒吹扫干净,若坑槽潮湿时应吹干。

e) 涂洒改性乳化沥青

坑槽清理完毕后在坑槽的四壁和底部涂洒一层改性乳化沥青,改性乳化沥青的用量为 $0.8kg/m^2 \sim 1kg/m^2$ 左右。

f) 摊铺

将新补沥青混合料卸入坑槽中,然后用铁耙把混合料耙平,并尽量使沥青混合料表面粗细料均匀且不出现离析,坑槽四周接缝位置宜用细料填充。新补沥青混合料的松铺系数宜为 1.20 左右,确保混合料压实后比原路面略高。

g) 碾压

沥青混合料修整完后,用小型压路机及时碾压。碾压时应遵循先四边后中心、先静压后振压的原则,对新旧路面接缝处,应骑缝碾压,必要时采用 45°斜压。

沥青混合料碾压宜静压 1 遍,振压 3 遍。每次碾压的重叠宽度为压路机轮宽的 1/3 ~ 2/3。静压 1 遍后,马上检查新补路面表面及新旧路面接缝处,对于缺料部位,应即刻补充少许新料或细料进行碾压,禁止在碾压多遍后再补充新料。

h) 接缝处理

碾压结束后,宜在施工接缝处采取粘贴压缝带处理,防止接缝处渗水造成路面结构水损坏。

i) 开放交通

坑槽修补完毕,将散落于路面的垃圾和废弃料全部清扫干净,待沥青混合料冷却至常温即可开放交通。

A.2.2.2.5.4 质量标准

修补处的混合料应按规范要求充分压实,坑槽修补完成后,应与四周路面紧密衔接,表面平整,整体密实、不渗水,无明显接缝和跳车现象。

A.2.2.2.6 基层压浆补强作业

A.2.2.2.6.1 适用范围

适用于因基层强度不足导致沥青路面出现唧浆、沉陷等病害的处治作业。

A.2.2.2.6.2 材料要求

a) 水泥：应采用早强型的水泥。采用强度不低于42.5R级的硅酸盐水泥和普通硅酸盐水泥。
b) 水：采用自来水或不含有害杂质的洁净水。
c) 外掺剂：为减少混凝土拌合物的用水量，改善和易性，节约水泥用量，提高混凝土强度，可掺入一定量的减水剂；为提高混凝土早期强度或缩短养生时间，可掺入早强剂；为保证混凝土耐磨性，不掺或少掺粉煤灰。

A.2.2.2.6.3 作业方法

基层压浆补强作业流程如图A.14所示。

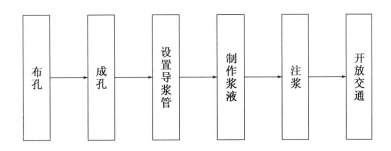

图 A.14 基层压浆补强作业流程图

a) 布孔

孔位应设在唧浆处裂缝的两侧，距缝5cm、间隔16cm等距离布孔，裂缝两端的孔位距路缘石8cm以上，以免浆液渗入中央分隔带堵塞管道或从边坡渗出。

b) 成孔

钻孔前应了解路面面层结构，以便控制好钻孔深度。钻孔深度为路面基层厚度的2/3，且不得穿透路面基层。

c) 设置导浆管

导浆管由镀锌钢管制成，底部封闭，在导浆管上位于基层的位置设置侧孔，注浆前将导浆管插入注浆孔内，并与注浆管连接牢固。

d) 制作浆液

注浆材料一般采用水泥净浆，并掺入一定比例的复合外加剂。应根据规定的强度通过试验确定浆液的配合比。制做浆液时各种材料掺量要准确，搅拌混合均匀，并随配随用，防止离析。

e) 注浆

注浆分两次进行，并遵循先灌裂缝两端再灌中间的原则。

1) 第一次注浆：启动注浆泵，逐渐加压灌注浆液。当出现以下三种情况之一时即停止注浆：相邻孔内或裂缝中冒浆；裂缝周围沥青面层出现轻微抬升；注浆压力达到0.15MPa。
2) 第二次注浆：第二次注浆在第一次注浆结束15min后进行，注浆压力不高于第一次，当出现上述前三种情况之一时即停止注浆。每灌完一孔先用木塞堵孔，待注浆完毕后，拔出注浆套管并用水泥砂浆堵孔。

f) 开放交通

注浆完毕后将路面清扫干净,养生3d后方可开放交通。

A.2.2.2.6.4 质量标准

水泥浆液强度符合要求;压浆完成后,基层中的空隙应填充密实(芯样完整、密实、无松散),基层强度符合要求,路面无唧浆、沉陷等现象。

A.2.3 桥涵

A.2.3.1 桥面铺装修补作业

A.2.3.1.1 普通水泥混凝土桥面铺装修补作业

A.2.3.1.1.1 适用范围

适用于水泥混凝土桥面铺装出现较大面积损坏时的处治作业(钢纤维水泥混凝土桥面铺装修补作业可参照执行)。

A.2.3.1.1.2 材料要求

普通水泥混凝土桥面铺装修补作业采用与原桥面相同的钢筋要求,混凝土强度应比原桥面提高一级,且不得低于C30。

A.2.3.1.1.3 作业方法

普通水泥混凝土桥面铺装修补作业流程如图A.15所示。

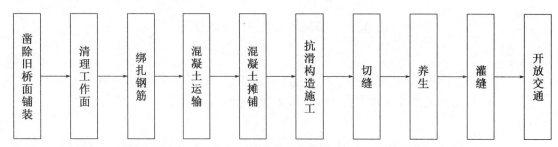

图 A.15 普通水泥混凝土桥面铺装修补作业流程图

a) 凿除旧桥面铺装

为确保修补效果,旧桥面铺装横向凿除宽度与车道宽度一致,纵向长度按超出破损桥面铺装边缘10cm~20cm控制。

凿除损坏的桥面铺装时,先用切割机将损坏的桥面铺装切成方形,然后用风镐凿除。桥面铺装切割时,切割深度控制在2cm左右。对于原铺装层钢筋网应保留足够的搭接长度,一般为35d(d为钢筋直径)。

铺装凿除后,若发现桥面混凝土现浇整体层也已损坏,则应将现浇整体层一并凿除,在重涂防水层后,重新浇筑现浇整体层。

b) 清理工作面

铺装凿除后,先人工将工作面内的混凝土碎块和浮渣清理干净。然后采用空压机将表面的灰尘吹干净。

c) 绑扎钢筋

钢筋网绑扎过程中宜采用直径0.7mm~2.0mm的铁丝扎牢钢筋的交叉点,必要时可采用点焊焊牢。新补扎钢筋网间距必须跟原设计钢筋网间距一致。

为了保证钢筋保护层的厚度,钢筋网格间植适当数量的剪力筋,与钢筋网焊接在一起,剪力筋植入深度为5cm~10cm,布设间距为50cm×50cm,呈梅花形。

d) 混凝土运输

混凝土严禁路拌,必须采用厂拌并采用自转式混凝土罐车运输。混凝土拌和时,应根据运输距离、运输时间、封路期限、施工工期等需要与条件添加缓凝剂、早强剂等外加剂。

e) 混凝土摊铺

1) 混凝土采用人工摊铺。人工用锹反扣铲料,严禁抛掷和耧耙,防止混凝土离析。摊铺时松铺高度比原路面略高。
2) 混凝土振捣宜采用插入式振动棒加平板振动器的方式进行,振捣时对缺料部位辅以人工补料找平。
3) 混凝土振捣完成后,人工采用铝合金刮尺沿纵横两个方向对水泥混凝土面进行精平,直到平整度符合要求。

f) 抗滑构造施工

参照A.2.2.1.3面板维修作业中的抗滑构造施工。

g) 切缝

当混凝土强度达到设计强度的25%~30%时,采用切割机切缝。接缝位置与旧路面相同,切缝深度应不小于铺装厚度的1/4。

h) 养生

水泥混凝土采用棉毡等洒水覆盖养生,待混凝土抗折强度达到规定要求以后方可结束养生。

i) 灌缝

混凝土养生结束后,再对接缝进行清理并灌缝。

j) 开放交通

灌缝材料冷却后方可开放交通。

A.2.3.1.1.4 质量标准

a) 桥面铺装的维修应严格按有关施工技术规范的要求施工,确保铺装层的质量;
b) 钢筋网的设置、铺装层的厚度应符合设计和规范要求;混凝土(钢纤维混凝土或双快混凝土)表面平整,抗压强度符合规范要求;
c) 新旧桥面铺装应衔接平顺,表面纹理一致,其平整度不超过3mm。

A.2.3.1.2 双快水泥混凝土桥面铺装修补作业

A.2.3.1.2.1 适用范围

适用于混凝土桥面铺装出现小面积破损、交通压力大、要求快速开放交通的区域修补作业。

A.2.3.1.2.2 材料要求

a) 原材料要求

1) 水泥:采用早强快凝水泥(如铁铝酸盐水泥、硫铝酸盐水泥),初凝时间20min~30min。
2) 砂:应采用洁净、坚硬且符合规定级配要求的中、粗砂。
3) 碎石:碎石质地坚硬,并应符合规定级配要求,最大粒径不应超过31.5mm。
4) 水:采用自来水或不含有害杂质的洁净水。

b) 双快混凝土要求

双快混凝土宜采用小型搅拌机拌制。双快水泥混凝土 2h 强度应达到 20MPa 以上，4h 强度应达到 30MPa 以上，28d 强度应达到 60MPa 以上。

A.2.3.1.2.3 作业方法

双快混凝土桥面铺装修补作业方法可参照 A.2.3.1.1.3 的规定执行，但在施工过程中应注意以下几点：

a) 双快混凝土应采用小型搅拌机现场拌制，拌制时各种材料用量应严格按照确定的比例称量下料，即拌即用。
b) 因双快混凝土初凝时间短，双快混凝土的摊铺和做面应在 20min 内完成。
c) 养生 4h 后，强度达到 30MPa 以上，方可开放交通。

A.2.3.1.2.4 质量标准

a) 重新浇筑的混凝土强度不应低于原设计强度；
b) 混凝土表面平整，抗压强度符合规范要求。

A.2.3.2 桥梁伸缩缝维修作业

A.2.3.2.1 刚性带维修作业

A.2.3.2.1.1 适用范围

适用于高速公路桥梁伸缩缝刚性带破损的处治作业。

A.2.3.2.1.2 材料要求

水泥、碎石、砂、外加剂、钢筋、焊条等原材料应符合规范要求。刚性带混凝土强度要求与原刚性带混凝土相同，为尽早开放交通，新混凝土宜采用早强快硬型混凝土。

A.2.3.2.1.3 作业方法

刚性带维修作业流程如图 A.16 所示。

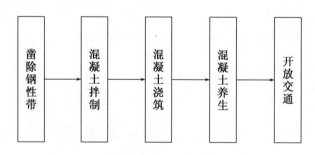

图 A.16 刚性带维修作业流程图

a) 凿除钢性带

凿除损坏的刚性带时，先用切割机将损坏的刚性带切成方形，然后用风镐凿除。凿除时应注意保护伸缩缝钢筋。凿除后清理槽内碎块，再用高压水彻底冲洗干净。

b) 混凝土拌制

混凝土应采用小型搅拌机现场拌制，拌制时各种材料用量应严格按照确定的比例称量下料，即拌即用。

c) 混凝土浇筑

混凝土采用人工浇筑。将拌制好的混凝土倒入槽内,用插入式振捣棒振捣密实。混凝土振捣完成后人工对混凝土面进行精平并拉毛,使表面平整粗糙。

d) 混凝土养生

水泥混凝土采用棉毡等洒水覆盖养生,待混凝土抗折强度达到规定要求以后方可结束养生。

e) 开放交通

混凝土养生结束后开放交通。

A.2.3.2.1.4 质量标准

a) 桥梁伸缩缝维修应严格按有关设计和施工技术规范的要求进行,确保伸缩装置锚固牢靠、伸缩性能良好;
b) 维修后的伸缩装置应与桥面铺装接合平整,纵、横坡度应与桥面相符,其顶面高程与设计高程吻合,无明显跳车现象。

A.2.3.2.2 橡胶条更换作业

A.2.3.2.2.1 适用范围

适用高速公路桥梁伸缩缝橡胶条的更换作业。

A.2.3.2.2.2 材料要求

采用的橡胶条型号与原有伸缩缝橡胶条型号相同,各项指标符合规范的规定。

A.2.3.2.2.3 作业方法

a) 清理

用夹具将缝内破损的橡胶条及其他杂物夹出,然后利用高压空气彻底清理缝内垃圾。

b) 更换橡胶条

更换橡胶条时先在型钢两侧凹槽均匀涂抹润滑油,再将准备好的橡胶条平放于安装位置,并采用专用夹具将橡胶条两侧嵌进型钢凹槽。

A.2.3.2.2.4 质量标准

橡胶条安装稳固。

A.2.3.2.3 整体更换作业

A.2.3.2.3.1 适用范围

适用于高速公路桥梁伸缩缝的整体更换作业。

A.2.3.2.3.2 材料要求

采用的伸缩缝型号应与原有伸缩缝型号相同。伸缩缝、水泥、碎石、砂、外加剂、钢筋、焊条等原材料应符合规范要求。刚性带混凝土强度要求与原刚性带混凝土相同,为尽早开放交通,新混凝土宜采用早强快硬型混凝土。

A.2.3.2.3.3 作业方法

桥梁伸缩缝整体更换作业流程如图 A.17 所示。

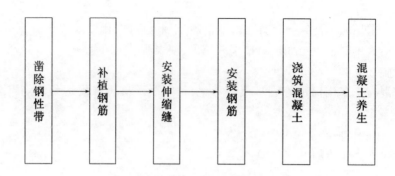

图 A.17 桥梁伸缩缝整体更换作业流程图

a) 凿除刚性带

将原刚性带凿除,凿除时应避免破坏与刚性带搭接的路面,并注意保护预埋钢筋。凿除后清理槽内碎块,再用高压水彻底冲洗干净。

b) 补植钢筋

对于弯曲的预埋钢筋要进行校正,对于变形或已损坏的预埋筋则按要求补植。

c) 安装伸缩缝

将伸缩缝装置放入槽口内,伸缩缝底部采用钢板垫块或者混凝土垫块支垫。安装时要注意位置准确,伸缩缝中心线与桥梁结构缝中心线在同一条直线上。预留宽度应与环境温度相匹配。

伸缩缝整条分段更换时,将伸缩缝的两段置于同一水平面上,使两段新伸缩缝型钢紧密靠拢。将对接处型钢顶面切割成 V 形槽口,采用石棉材料填塞在对接处凹槽内以防焊渣流入堵塞凹槽,然后逐条进行焊接,先焊顶面,再焊侧面,最后焊接底面;焊接时应做到焊缝饱满,焊接牢固可靠。焊接完成后用角磨机打磨平整顶面,再涂刷防锈漆。

d) 安装钢筋

先按要求安装伸缩缝刚性带钢筋,然后对伸缩缝钢筋与预埋钢筋进行焊接。焊接时须严格调整好宽度再分步焊,焊接顺序一般为从中间向两端先点焊,然后检查复测,待符合要求时,再由中间向两端补焊。要保证焊接牢固,每米各边至少有两处焊接,每条焊缝长度不小于 5cm。

e) 浇筑混凝土

刚性带混凝土应采用小型搅拌机现场拌制,拌制时各种材料用量应严格按确定的比例称量下料,并即拌即用。

将拌制好的混凝土倒入槽内,用插入式振捣棒振捣密实。混凝土振捣完成后人工对混凝土面进行精平并拉毛,使表面平整粗糙。

f) 混凝土养生

水泥混凝土采用棉毡等洒水覆盖养生,待混凝土抗折强度达到规定要求以后方可结束养生并开放交通。

A.2.3.2.3.4 质量标准

a) 安装后的伸缩缝锚固牢靠,伸缩性能有效;
b) 伸缩缝刚性带混凝土类型和强度满足规范要求;
c) 伸缩缝顶面及刚性带混凝土面应与相邻路面平齐,无明显跳车现象;
d) 伸缩缝无阻塞、渗漏、变形、开裂、积水等现象。

A.2.3.3 结构局部维修

A.2.3.3.1 裂缝封补作业

A.2.3.3.1.1 适用范围

适用于桥梁涵洞台(涵)身、盖板、拱圈、板(梁)底的裂缝(宽度小于0.15mm)封补作业。

A.2.3.3.1.2 材料要求

裂缝封补所用的封缝胶性能指标必须符合《公路桥梁加固设计规范》(JTG/T J22)的要求。

A.2.3.3.1.3 作业方法

裂缝封补作业流程如图 A.18 所示。

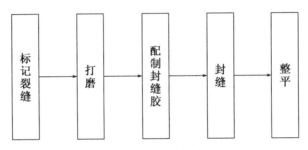

图 A.18 裂缝封补作业流程图

a) 标记裂缝

仔细观察裂缝的情况,确定其长度和宽度,在裂缝附近沿裂缝划出标记线。

b) 打磨

用钢丝刷将裂缝走向5cm宽的范围加以打磨,清除水泥浮浆、松散物、油污等,露出清洁、坚实的混凝土表面。

c) 配制封缝胶

根据封缝胶配合比,配制好封缝胶。

d) 封缝

在裂缝附近5cm的范围内用密封胶封闭,厚度应为2mm左右。混凝土剥落或缝宽过大处要尽量向内填充。

e) 整平

修补料固化前应对缝口表面进行刮抹整平。

A.2.3.3.1.4 质量标准

封缝应均匀、连续、密实、牢固,表面平整,符合规范要求。

A.2.3.3.2 裂缝注浆作业

A.2.3.3.2.1 适用范围

适用于桥梁涵洞台(涵)身、盖板、拱圈、板(梁)底的裂缝(宽度不小于0.15mm)灌浆作业。

A.2.3.3.2.2 材料要求

裂缝注浆作业所用的各类胶水性能指标必须符合《公路桥梁加固设计规范》(JTG/T J22)的要求。

A.2.3.3.2.3 作业方法

裂缝注浆作业流程如图 A.19 所示。

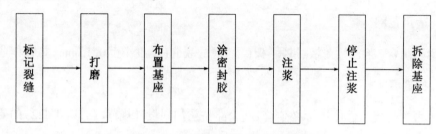

图 A.19 裂缝注浆作业流程图

a) 标记裂缝

仔细观察裂缝的情况,确定其长度和宽度,在裂缝附近沿裂缝划出标记线。

b) 打磨

用钢丝刷将裂缝走向5cm宽的范围加以打磨,清除水泥浮浆、松散物、油污等,露出清洁、坚实的混凝土表面。

c) 布置基座

根据裂缝的宽度和长度决定注射器基座的位置,沿裂缝的走向每米布置约3个基座,裂缝分叉处应有基座。在基座的底部涂上已配好的密封胶,在已经确定好的基座位置粘贴并固定基座,并应将基座的中心点与裂缝的中心点结合在一起。然后,在基座与混凝土的接缝周围处用密封胶密封,以免注射时注射胶的流失。

d) 涂密封胶

在裂缝附近5cm的范围内用密封胶封闭,厚度应为2mm左右。混凝土剥落或缝宽过大处要尽量向内填充。

e) 注浆

将注射胶按产品说明书的比例称量,混合并充分搅拌,以备用。将注射胶吸入注射器的注射筒中,吸入时应注意不要吸入空气。将注射器小心地安装在注射基座上,并装上加压用的橡皮筋。橡皮筋的数量应按照注入的需要增减。如果注射筒中的注射胶在固化前就用完,应尽快更换新装有注射胶的注射筒继续注入混凝土。注射器可用丙酮或酒精清洗干净,重复使用2次~3次。

f) 停止注浆

当注射器内的胶液不能再注入裂缝时停止注浆,稳定60min~90min,即可取下注射器。

g) 拆除基座

当注射胶固化6h~24h(25℃)后就可拆除固定基座,并用砂轮机等将密封胶除去,并加以磨平。

A.2.3.3.2.4 质量标准

a) 裂缝注浆口应平整,无凹槽、鼓包、露孔,注浆饱满。
b) 表面封缝材料固化后应均匀、平整,无裂缝,无脱落。

A.2.3.3.3 沉降缝维护作业

A.2.3.3.3.1 适用范围

适用于高速公路桥梁涵洞台身及涵洞的沉降缝填缝料更换作业。

A.2.3.3.3.2 材料要求

沉降缝维护作业所用的沥青、麻絮等材料的品种、规格和性能必须符合现行有关规范的要求。

A.2.3.3.3.3 作业方法

沉降缝维护作业流程如图 A.20 所示。

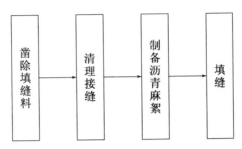

图 A.20 沉降缝维护作业流程图

a) 凿除填缝料
   凿除现有沉降缝间填料,凿除过程中对原有防水层予以保留,不得破坏。
b) 清理接缝
   现有接缝填料清理完成后,用水将接缝表面冲洗干净。
c) 制备沥青麻絮
   现场制备沥青麻絮,应确保麻絮完全浸透。
d) 填缝
   用浸渍好的沥青麻絮填塞接缝,应确保接缝填塞饱满、密实,不得留有空隙。

A.2.3.3.3.4 质量标准

a) 沉降缝的维护应使缝内沥青麻絮填塞饱满、紧密,完工后无漏水现象;
b) 沉降缝表面应缝宽均匀、缝身竖直、环向贯通、填塞密实。

A.2.3.3.4 表层缺损修补作业

A.2.3.3.4.1 适用范围

适用于高速公路桥梁涵洞混凝土的表层缺损修补作业。

A.2.3.3.4.2 材料要求

混凝土表面缺陷修补作业所使用的环氧树脂、聚合物砂浆等原材料必须符合《混凝土结构加固用聚合物砂浆》(JG/T 289)的要求。

A.2.3.3.4.3 作业方法

表层缺损修补作业流程如图 A.21 所示。
a) 凿除松散混凝土
   清理混凝土破损基面,凿除松散混凝土。
b) 钢筋除锈
   如缺陷处出现露筋或钢筋锈蚀的现象,对钢筋除锈后即进行防锈处理。对于锈蚀面积超过20%的,应对锈蚀钢筋进行补强。

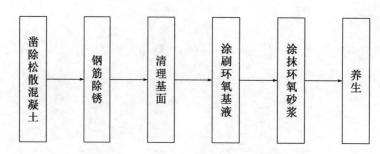

图A.21 表层缺损修补作业流程图

c) 清理基面

将混凝土基面或缺陷部分用清水清洗干净并吹干,使基面保持干燥、无杂物。

d) 涂刷环氧基液

为使混凝土表面能充分被环氧树脂浆液所湿润,保持良好的黏结力,在涂抹环氧砂浆时应先在表面薄而均匀地涂一层环氧基液,涂刷基液厚度应不超过1mm。涂刷基液过程中应注意保护已涂刷的表面,严防杂物、灰尘落入其上。涂刷基液后,须间隔30min~60min,待基液中的气泡清除后,再涂抹环氧砂浆。

e) 涂抹环氧砂浆

1) 平面涂抹时应摊铺均匀,如涂抹厚度过厚应分层涂抹,每层厚度不宜超过1.0cm~1.5cm,底层厚度应在0.5cm~1.0cm之间,并用铁抹子反复压抹,使表面翻出浆液,如有气泡必须刺破压紧。

2) 立面涂抹时,由于砂浆流淌,应用铁抹子不断地压抹,并适当增加砂浆内的填料,使环氧砂浆稠度增大。厚度以0.5cm~1.0cm为宜,如过厚应分层涂抹,超过4cm时宜立模浇筑。

3) 顶面涂抹时极易往下脱落,在涂刷顶层基液时,可使用黏度较大的基液,并力求均匀。环氧砂浆涂层的厚度以0.5cm为宜,如超过0.5cm,应分层涂抹,每层厚度可控制在0.3cm~0.5cm之间,每次涂抹均需用力压紧。

f) 养生

养生应符合规范要求。

A.2.3.3.4.4 质量标准

修补表面平整,与旧混凝土连接平顺,表面无裂缝;修补完成后,表面颜色应与原结构相近。

A.2.4 隧道

A.2.4.1 隧道墙体瓷砖维修作业

A.2.4.1.1 适用范围

适用于高速公路隧道墙体瓷砖的维修作业。

A.2.4.1.2 材料要求

镶贴瓷砖所用砂浆宜采用M7.5水泥砂浆,瓷砖颜色、规格尺寸应与原瓷砖一致。

A.2.4.1.3 作业方法

隧道墙体瓷砖维修作业流程如图A.22所示。

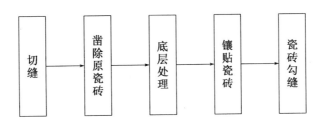

图 A.22 隧道墙体瓷砖维修作业流程图

a) 切缝

切缝前要划出所切的范围,切除面应以块为单位,用砂轮机进行切割,保证切缝横平竖直,不得损坏相邻瓷砖。

b) 凿除原瓷砖

沿着切缝凿除原瓷砖及底层砂浆,凿除原瓷砖时注意不要扰动相邻完好的瓷砖面。

c) 底层处理

将底层的水泥混凝土面突兀的部位用小锤整平后,再用钢钎进行凿毛处理,最后对凿除面用刷子进行清理。

d) 镶贴瓷砖

镶贴瓷砖前应对底层与瓷砖进行洒水湿润,并在面砖外皮上口拉水平砖线,作为镶贴的标准。镶贴时应先在底层涂抹一层 6mm～10mm 的水泥砂浆,然后自下而上镶贴瓷砖。

e) 瓷砖勾缝

瓷砖镶贴完毕后用水泥砂浆勾缝,先勾水平缝再勾竖缝,勾好的缝应凹进瓷砖外表面 2mm～3mm,最后用湿布瓷砖将表面擦洗干净。

A.2.4.1.4 质量标准

a) 镶贴瓷砖应符合有关施工技术规范和图纸的要求,确保工程质量;
b) 新镶贴的瓷砖应黏结牢固,与旧瓷砖衔接自然,缝隙均匀、封缝严实,平整顺直,整齐美观,基本恢复原状。

A.2.5 交通安全设施

A.2.5.1 轮廓标更换作业

A.2.5.1.1 适用范围

适用于高速公路轮廓标的损坏更换或局部新增作业。

A.2.5.1.2 材料要求

更换轮廓标作业需要准备的材料主要是附着式轮廓标,材料要求应符合《轮廓标》(GB/T 24970)的要求。

A.2.5.1.3 作业方法

轮廓标安装前应先拆除已损坏的轮廓标。安装时,应在原来位置上重新安装与原轮廓标颜色一致的轮廓标,并保证轮廓标逆反射材料表面与行车方向垂直。

A.2.5.1.4 质量标准

轮廓标安装准确牢固,反光效果符合要求。

A.2.5.2 防眩设施更换作业

A.2.5.2.1 适用范围

适用于高速公路防眩设施更换作业。

A.2.5.2.2 材料要求

防眩设施作业所用材料应符合规范要求。

A.2.5.2.3 作业方法

a) 人工将损坏防眩设施拆除,拆除的防眩设施统一堆放,集中运走。
b) 把新的防眩设施按原来的位置复位,并采用螺母固定。

A.2.5.2.4 质量标准

防眩设施整体应安装牢固并与公路线形协调一致,其防眩高度、遮光角应满足设计要求。

A.2.5.3 交通标志牌更换作业

A.2.5.3.1 适用范围

适用于高速公路交通标志牌更换作业。

A.2.5.3.2 材料要求

交通标志牌尺寸和质量应符合《道路交通标志和标线》(GB 5768)的要求。

A.2.5.3.3 作业方法

a) 拆除损坏标志牌

人工将损坏的交通标志牌拆除,必要时采用氧割配合作业。若标志牌悬挂较高时应采用高空作业车作业。取下的标志牌统一堆放,集中运走。

b) 安装新的标志牌

1) 将新的标志牌按原来的位置复位(新增标志牌按新的设计位置安装),穿上螺栓并拧上螺母,但螺母不能拧紧,以便调校标志牌的倾斜角度和方位角度。
2) 用水平尺调校标牌的倾斜度和方位角,要求标牌水平、视觉符合行车要求。待标志牌调校好后再将螺母拧紧固定。

A.2.5.3.4 质量标准

标志牌及反光膜符合规范要求,安装牢固。

A.2.5.4 标线补划作业

A.2.5.4.1 适用范围

适用于高速公路原有标线翻新补划作业。

A.2.5.4.2 材料要求

标线作业材料应符合《道路交通标志和标线》(GB 5768)的要求。

A.2.5.4.3 作业方法

标线补划作业流程如图 A.23 所示。

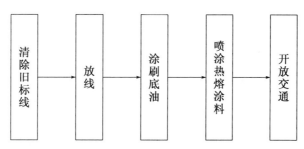

图 A.23 标线补划作业流程图

a) 清除旧标线

旧标线需翻新补划时，人工采用除线设备对旧标线进行清除，并使用扫把清扫旧的标线废弃料，最后采用吹风机将工作面清理干净。

b) 放线

标线翻新补划时按原标线位置放线，放线应准确、平顺。

c) 涂刷底油

根据已放好的线形均匀地涂刷底油，涂布量为 150g/m² ~ 200g/m²，线宽与原线宽保持一致。

d) 喷涂热熔涂料

根据放线位置将加热后的热熔涂料用划线机按原标线宽度、1.5mm ~ 1.6mm 厚度均匀地喷涂于路面，喷涂时应尽量保持匀速，控制好厚度和线形，不得出现凹凸不平或线形扭曲等现象。

e) 开放交通

待热熔涂料冷却至常温后即可开放交通。

A.2.5.4.4 质量标准

a) 路面标线涂料、反光玻璃珠量应符合规范要求。
b) 标线表面平顺、均匀一致。

A.2.5.5 突起路标更换作业

A.2.5.5.1 适用范围

适用于高速公路突起路标更换作业。

A.2.5.5.2 材料要求

突起路标更换作业使用的环氧树脂和突起路标等原材料应符合《突起路标》(GB/T 24725)的要求。

A.2.5.5.3 作业方法

突起路标更换作业流程如图 A.24 所示。

a) 凿除原突起路标

人工使用凿除工具将原来损坏的突起路标凿除，凿除时注意不要损坏路面。

b) 清理路面

人工对突起路标设置点进行清扫，确保设置点路面干净无杂物。

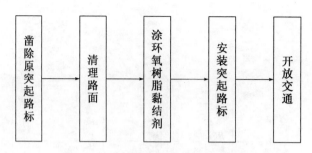

图 A.24 突起路标更换作业流程图

    c) 涂环氧树脂黏结剂

        将环氧树脂涂在突起路标的底部,保证胶水的饱满。

    d) 安装突起路标

        安装时,应在原来位置上重新安装与原突起路标颜色一致的突起路标,并保证突起路标逆反射材料表面面向行车方向。

    e) 开放交通

        待环氧树脂黏结剂凝固后即可开放交通。

A.2.5.5.4 质量标准

    a) 突起路标、底胶的性能应符相关规范和标准的规定。

    b) 突起路标安装牢固,反射体应面向行车方向。

A.2.5.6 隔离栅更换作业

A.2.5.6.1 适用范围

适用于高速公路隔离栅更换作业。

A.2.5.6.2 材料要求

隔离栅质量应符合《一般用途低碳钢丝》(YB/T 5294)的要求。

A.2.5.6.3 作业方法

    a) 立柱安装

        先人工开挖好立柱基坑,基坑的尺寸应符合原设计要求。将立柱放入基坑,检查立柱顶高程和垂直度,符合要求后方可浇筑 C15 水泥混凝土基础。立柱的位置和高程应符合原设计要求。

    b) 隔离栅安装

        将隔离栅挂在立柱挂钩上,紧拧螺母并扣牢隔离栅。

A.2.5.6.4 质量标准

    a) 隔离栅材料符合规范要求;

    b) 隔离栅安装严密、牢固;

A.2.5.7 波形梁钢护栏更换作业

A.2.5.7.1 适用范围

适用于高速公路波形梁钢护栏的更换或增设作业。

A.2.5.7.2 材料要求

波形梁钢护栏材料应符合《公路交通安全设施设计规范》(JTG D81)、《碳素结构钢》(GB/T 700)、《冷弯型钢通用技术要求》(GB/T 6725)等规范的要求。

A.2.5.7.3 作业方法

波形梁钢护栏更换作业流程如图 A.25 所示。

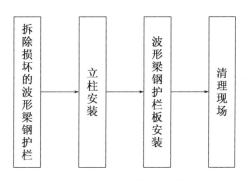

图 A.25 波形梁钢护栏更换作业流程图

a) 拆除损坏的波形梁钢护栏

更换波形梁钢护栏作业时应先拆除已损坏的波形梁钢护栏,完工后集中运走。

b) 立柱安装

1) 更换波形梁钢护栏作业时,先将原立柱位置路基填充压实。
2) 采用打桩机将立柱按确定的位置打入路基中,施工时应确保立柱线形与道路线形相协调,高度一致,垂直方向线形平顺。若打入时立柱出现偏移,需将其全部拔出加以矫正,待路基填充压实后再重新打入。
3) 当采用挖孔法安装立柱时,应人工先将孔位的路基填土挖除,安装好立柱后再按设计要求浇筑混凝土基础,待混凝土初凝后恢复路基填土。

c) 波形梁钢护栏板安装

立柱安装好后,通过连接螺栓将立柱、防阻块和波形梁钢护栏板进行固定,波形梁钢护栏板通过拼接螺栓相互拼接。波形梁钢护栏板的连接螺栓及拼接螺栓不宜过早拧紧,以便在安装过程中利用波形梁钢护栏板的长圆孔及时进行调整,使其形成平顺的线形,避免局部凹凸。波形梁钢护栏板线形应与道路竖曲线相协调,当波形梁钢护栏板的线形符合要求后,再拧紧螺栓。波形梁钢护栏板安装时,板的拼接方向与行车方向一致。

d) 清理现场

施工完毕,将作业现场的损坏件、垃圾清理干净并运离现场。

A.2.5.7.4 质量标准

a) 波形梁钢护栏材料应符合规范要求;
b) 安装牢固,与原线形一致;
c) 安装后的波形梁护栏板、防阻块构件连接螺栓需进行点焊加固处理。

A.2.5.8 新泽西护栏(混凝土护栏)修复作业

A.2.5.8.1 适用范围

适用于高速公路新泽西护栏的局部损坏修复和增设作业。

A.2.5.8.2 材料要求

钢筋、水泥、砂、石等原材料应符合有关技术标准和规范的要求。

A.2.5.8.3 作业方法

新泽西护栏(混凝土护栏)修复作业流程如图 A.26 所示。

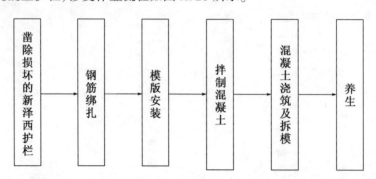

图 A.26 新泽西护栏(混凝土护栏)修复作业流程图

a) 凿除损坏的新泽西护栏

凿除前根据新泽西护栏损坏的情况确定修补范围并划线,然后人工采用手持式切割机进行切缝,再采用风镐将损坏的新泽西护栏凿除,并清除干净。

b) 钢筋绑扎

按原设计图纸进行钢筋绑扎,并确保钢筋的保护层厚度。绑扎时钢筋搭接长度应符合规范要求。

c) 模板安装

模板尺寸应符合原设计要求,安装时应确保安装牢固,接缝处要用双面胶或海绵条进行密封,以防漏浆。

d) 拌制混凝土

混凝土应采用搅拌机现场拌制,拌制时各种材料用量应严格按确定的比例称量下料,即拌即用。

e) 混凝土浇筑及拆模

将拌制好的混凝土倒入模板内,并用振捣棒振捣密实。混凝土终凝后即可拆除模板,拆除时应防止对水泥混凝土边角造成损坏。

f) 养生

水泥混凝土采用棉毡等洒水覆盖养生,待混凝土抗折强度达到规定要求以后方可结束养生。

A.2.5.8.4 质量标准

a) 混凝土强度应符合规范要求;
b) 混凝土护栏外观、色泽应均匀一致;
c) 混凝土护栏的线形应与公路线形相一致。

A.2.5.9 防抛网更换作业

A.2.5.9.1 适用范围

适用于高速公路防抛网的更换作业。

A.2.5.9.2 材料要求

防抛网应符合相关规范的要求。

A.2.5.9.3 作业方法

a) 人工将已损坏的防抛网拆除,取下的防抛网统一堆放,集中运走。
b) 把新的防抛网按原来的位置复位,并采用螺母固定。

A.2.5.9.4 质量标准

防抛网材料符合规范要求,几何尺寸符合要求,且安装牢固。

A.2.5.10 声屏障更换作业

A.2.5.10.1 适用范围

适用于高速公路声屏障的更换作业。

A.2.5.10.2 材料要求

声屏障更换作业所使用的声屏障、立柱等材料跟原设计一致,并符合有关技术标准和规范的要求。

A.2.5.10.3 作业方法

a) 更换声屏障
更换声屏障作业时应先拆除已损坏的声屏障、立柱,并现场分类堆放好,完工后集中运走。
b) 安装声屏障
当立柱损坏时,应在原来位置重新安装新立柱,并用螺栓固定。立柱安装时应垂直于防撞墙或路面,允许偏差不大于2°。
声屏障安装时通过螺栓相互拼接,并由连接螺栓固定于立柱或横梁上。声屏障的连接螺栓及拼接螺栓不宜过早拧紧,以便在安装过程中及时进行调整,使其形成平顺的线形,避免局部凹凸。当声屏障的线形符合要求后,再将螺栓拧紧固定。

A.2.5.10.4 质量标准

声屏障安装牢固,整体线形流畅、顺直、美观。

A.2.5.11 翻新作业

A.2.5.11.1 适用范围

适用于高速公路金属或混凝土构件的油漆翻新作业。

A.2.5.11.2 作业方法

油漆翻新作业流程如图 A.27 所示。
a) 清理作业面
漆面作业前用钢丝刷对金属或水泥混凝土构件表面进行清理,将其表面脏物和氧化物清除干净并保持干燥。当需要进行油漆翻新的金属及水泥混凝土构件出现损坏时,应在油漆翻新作业前对金属及水泥混凝土构件进行修复。

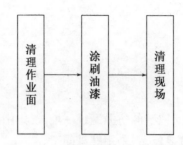

图 A.27 油漆翻新作业流程图

b) 涂刷油漆

人工采用油漆刷自上而下地将油漆涂刷在金属或混凝土构件的表面,来回涂刷2遍~3遍,确保涂刷均匀。油漆涂刷过程中应注意油漆色调均匀,涂刷的图案和颜色符合设计要求。

c) 清理现场

施工完毕,将作业现场的垃圾清扫干净运离现场,必要时对现场进行清洗。

A.2.5.11.3 质量标准

漆面平整、光滑,不同颜色之间界限明显,整齐美观。

A.2.6 绿化

A.2.6.1 苗木补种作业

A.2.6.1.1 适用范围

适用于高速公路苗木补种作业。

A.2.6.1.2 材料要求

a) 苗木补种选苗要求

应选择生长健壮、冠形整齐、苗木规格品种与原苗木一致、土球完好、大小适宜、根系完好、无病虫害的苗木。

b) 肥料要求

苗木补种选用有机肥料作为苗木的基肥。

A.2.6.1.3 作业方法

苗木补种作业流程如图 A.28 所示。

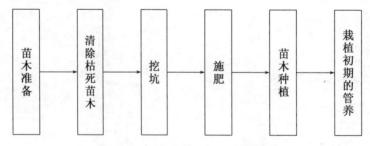

图 A.28 苗木补种作业流程图

a) 苗木准备

1) 选苗:所选取苗木的规格品种必须与原苗木一致,同时要求作为苗木的乔木应杆形通直,分叉均匀,树冠完整、匀称;茎体粗壮,无折断折伤,树皮无损伤,土球完整,无破裂或松散;无病虫害。作为苗木的灌木应冠幅完整、匀称,合规格;土球完整,无破裂或松散;无病虫害。

2) 苗木装运:苗木的装车、运输、卸车等各项工序,应保证树木的树冠、根系、土球的完好,不应折断树枝、擦伤树皮或损伤根系。装运高度2m以下的苗木,可以立放;2m以上的应斜放,土球向前,树干向后,并用木架将树干架稳扎牢,垫牢挤严。土球直径大小20cm的苗木只装一层;小土球可以安(码)放2层~3层,土之间必须码放紧密,以防摇晃。

b) 清除枯死苗木

补种作业前,先将枯死苗木挖除,集中堆放,统一运走。

c) 挖坑

以补植点为中心沿四周向下挖坑,坑的大小根据各种不同规格的苗木及土球的大小、土质情况而定,一般应比规定的根系及土球直径大20cm~30cm,同时根据树种根系类别确定坑的深浅,坑应呈圆筒形或方形,土层干燥地区应在种植前用水浸树坑。

挖坑时,表土与底土分开堆放,植树填土时表土先填入坑底,底土填于上部并用于围堰。当局部土壤不好时,则应将坑径加大1倍~2倍,换填有机质含量较高的土壤。

d) 施肥

树坑开挖好后,沿坑四壁施肥,乔、灌木一般施肥数量为有机肥0.5kg/株~1.0kg/株,袋苗一般施肥数量为0.2kg/株~0.5kg/株。

e) 苗木种植

1) 苗木修剪:种植前,应对苗木进行适度修剪。修剪时应遵循各种树木自然形态的特征和生物学特性,剪口平面光滑,修剪量一般为枝条和叶片总量的1/3~1/4,并及时涂抹防腐剂以防止过分蒸发、干旱及病害。

2) 散苗:将树苗散放于定植坑内。

3) 栽苗:苗木种植应遵循"三埋、两踩、一提"的原则,即一边填土、一边轻提树干以利土壤和土球根系很好地接触,然后扶正苗木踩实土壤围好堰。对土壤瘠薄的,还应回填适量肥泥,清除带有杂质的土壤。要掌握随挖、随运、随栽种的原则,尽量缩短植物根部暴露时间,对零星苗木补种时,还应施以保水剂以利成活。

4) 淋定根水、立枝架:苗木栽种后48h内必须对苗木根部进行洒水,洒水时必须确保将苗木根部淋透。以后根据情况每隔4d~5d淋水一次,直至成活。淋水后对出现歪斜的部分苗木须及时扶正踩实土壤,对于乔木应按照实际情况在栽植后用支撑固定。支撑牢固,绑扎树木处夹以垫物,确保绑扎后的树干保持直立,树木不倾斜、不倒伏。

f) 栽植初期的管养

管养期内,应根据植物生态特性和实际情况对苗木松土透气,控制周围杂草生长,同时注意浇水保持土壤湿润,及时追肥。遇到天气炎热时,应在上午8:00~9:00和下午4:00~5:00对树冠淋水降温。

A.2.6.1.4 质量标准

a) 补植的苗木胸径、冠幅、高度应符合要求;
b) 补植的苗木应生长良好,存活率100%。

A.2.6.2 草皮补种作业

A.2.6.2.1 适用范围

适用于高速公路草皮补种作业。

A.2.6.2.2 材料要求

a) 草皮选择要求

应选择无病虫害、无杂草、根系完好、均匀一致、质量良好的草皮。

b) 肥料及其他材料要求

肥料应选择氮肥或磷肥。

A.2.6.2.3 作业方法

草皮补种作业流程如图 A.29 所示。

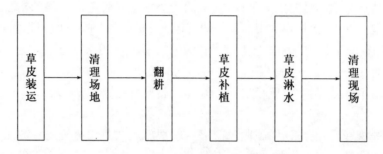

图 A.29 草皮补种作业流程图

a) 草皮装运

草皮起运时草皮所带土壤厚度以不大于 2cm 为宜。装运要码放整齐,堆积时间不宜过长,要求在 24h～48h 内铺植完毕。如不能及时铺栽,要将草皮分开放置。

b) 清理场地

草皮补植前清除场地内杂草杂物,平整场地,使表面平整、无坑洼。

c) 翻耕

人工对草皮补植场地进行翻耕,深度一般控制在 10cm～15cm 之间。翻耕过程中应控制好土壤含水率,当土壤过干时,应先洒水湿润。

d) 草皮补植

草皮补植采用有缝铺栽法,各块草皮相互间留 1cm 左右的缝隙。补植好的草皮要用铲轻轻拍实,以便于草皮与土壤均匀接触。当补植场地坡度较大时,采用插入小竹签的方法进行固定。

e) 草皮淋水

补植草皮完毕后立即浇水,确保补植场地湿润。

f) 清理现场

补种完毕,将场地清理出的垃圾、废料等清理干净并集中运走。

A.2.6.2.4 质量标准

草皮品种与原草皮一致,补种草皮成活率达 95% 以上。

A.2.7 应急保通辅助作业

A.2.7.1 预防路面结冰作业

A.2.7.1.1 适用范围

适用于粤北山区高速公路的预防路面结冰作业。

A.2.7.1.2 材料要求

预防路面结冰作业的材料宜选用适用温度较低、融雪效果好的融雪剂。

A.2.7.1.3 作业方法

a) 气象信息收集及路面监测

进入冬季后必须设专人收集气象信息,寒潮来临时,根据收到的气象信息和道路的地理环境,准备好材料和作业机具上路驻守在结冰易发路段,并用红外测温仪随时监测路面温度情况,以判断最佳作业时间,即当路面温度接近冰点前应及时安排喷洒融雪剂。

b) 喷洒融雪剂

喷洒融雪剂时应均匀一致,一般情况下撒布量宜为 $80g/m^2$。对于容易结冰的桥面、容易发生交通事故的弯道路段和上下坡路段、须减速的收费广场等重点路段,应适当增大撒布量或增加撒布次数。

A.2.7.1.4 质量标准

a) 所使用的防冰冻材料(如融雪剂、粉煤灰等)应干燥、无受潮结团现象,并应满足环保标准;
b) 撒布必须及时、适量、均匀,融雪剂撒布量为 $50g/m^2 \sim 80g/m^2$,在特定的路段根据气温高低和交通量大小选择确定。

A.2.7.2 防风防汛作业

A.2.7.2.1 适用范围

适用于台风和暴雨季节高速公路的防风防汛作业。

A.2.7.2.2 材料要求

防风防汛所用的沙、松木桩、编织袋、彩条布、冷补料等材料应符合相关要求。

A.2.7.2.3 作业方法

a) 信息收集

专人负责跟踪气象动态,密切关注气象信息,及时预警。

b) 防风防汛措施及作业

1) 加强路况巡查,特别是加强边坡、桥涵结构物、排水设施、标志牌以及路面的巡查,发现问题及时报告处理。
2) 对于危及行车安全的坑槽,应及时修补,确保行车安全。
3) 对于低洼或容易发生洪涝灾害的路段,应在路肩侧堆砌沙包,防止洪水漫过高速公路路面,影响行车安全。
4) 对于容易折断、倾倒或倾倒后影响视距、遮挡标牌、妨碍通车的危险行道树,应及时砍伐或剪枝。
5) 对于可能发生滑塌、冲沟的危险边坡,应及时采取打木桩、堆砌沙包、铺设彩条布等应急加固措施,防止边坡病害进一步发展,木桩的桩径、长度、分布、间距和打入深度应现场确定,确保木桩自身牢固;沙包回填应采取分层填筑和压实(夯实)的方法。
6) 台风或暴雨季节造成边坡塌方等险情时,应第一时间报告业主单位处置,同时采取临时交通管制等措施引导车辆安全通行。

7) 台风过后,在确保作业安全的前提下,组织人员对路面积水以及倒伏的路树、声屏障、防眩板等进行清理、砍伐、疏通,在路面积水、树木、路障等清理完毕后,才能开放交通。

A.2.7.2.4 质量标准

路面无影响行车安全的坑槽,各种防风防汛措施得当,处置及时。

A.2.7.3 交通事故现场清理作业

A.2.7.3.1 适用范围

适用于高速公路交通事故现场的清理作业。

A.2.7.3.2 材料要求

交通事故现场清理作业的材料应选用干燥的木锯沫、沙和清洗油污能力强的洗洁精。

A.2.7.3.3 作业方法

交通事故现场清理作业流程如图 A.30 所示。

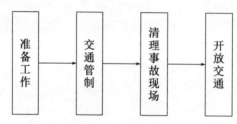

图 A.30 交通事故现场清理作业流程图

a) 准备工作

在接到交通事故通知后,带班班长应在 15min 内做好工人、设备及材料的组织工作,准备好后应立即赶往事故发生地点,应在 30min 内到达事故现场。

b) 交通管制

到达事故现场后,按照交警要求做好交通管制工作,避免发生二次交通事故。

c) 清理事故现场

清理事故现场前,应先从交警和路政人员处了解是否存在化学易燃物品和有毒物品泄漏等情况,并听从交警、路政人员或消防人员的指挥,在安全区域内待命。

在得到交警和路政人员可以进行清障作业的通知后,应快速对事故现场组织清理。若路面有油污,则先用干燥的木锯沫或干沙铺撒在受污染的路面上以吸附油污,然后用洗洁精刷洗油污路面,最后用水冲洗干净。

d) 开放交通

清障救援工作完成后,在征得交警和路政人员同意后开放交通。

A.2.7.3.4 质量标准

交通事故现场清理干净,路面无油污和废弃物。

附件

高速公路日常养护作业规范 土建

(DB 44/T 2254—2020)

条 文 说 明

1 范围

本条规定了本标准适用的范围,本标准仅适用广东省高速公路土建部分的日常养护作业与管理。

4 高速公路日常养护作业一般规定

4.1 通则

本条对高速公路日常养护作业分类进行了规定,将高速公路日常养护分成日常巡查及经常检查、日常保洁、小修保养三类。结合广东省近些年高速公路日常养护管理经验,对高速公路日常养护作业主要项目进行了具体分类(表1),供参照。

表1 高速公路日常养护作业分类

项目编号	工程细目名称
一	日常巡查及经常检查
101	路基
102	路面
103	桥涵
104	隧道
105	高边坡
106	高挡墙
二	日常保洁工程
1	路基
101	路基清理
102	排水沟清理
103	边沟清理
104	急流槽清理
105	截水沟清理
106	拦水带清理
107	超高段中分带排水槽清理
108	沙井、集水井清理
2	路面
201	清扫
-1	机械清扫
-2	人工清洁
202	清洗
-1	清洗收费车道
-2	清洗收费广场

表1(续)

项目编号	工程细目名称
-3	路面油污处理
-4	收费亭
-5	观景台
-6	清理收费棚
3	桥涵
301	清理
-1	泄水孔及集水管
-2	伸缩缝
-3	小桥、桥涵
4	隧道
401	清洗
-1	侧墙、门墙
-1-1	人工清洗
-1-2	专用机械清洗
-1-3	洞内路面
402	维护
-1	消防水池
5	交通标志和安全设施保养
501	路(桥)上标志牌和安全设施
-1	导向标
-2	里程牌、百米桩
-3	轮廓标
-4	防眩设施
-5	护栏
-6	水马
502	隧道内标志牌和安全设施
-1	消防栓、灭火器及其他指示标志
-2	导向标
-3	里程牌、百米桩
-4	轮廓标
-5	反光柱
-6	水马
503	水马、防撞桶维护
-1	水马、防撞桶维护

表1(续)

项目编号	工程细目名称
504	刹车失灵缓冲区
-1	缓冲区维护
-2	避险车道翻检、平整
6	景观及绿化工程养护
601	灌木及绿篱(中央分隔带)
-1	浇水
-2	无机肥
-3	除草及松土
-4	修剪
-5	杀虫
602	草皮
-1	修剪
603	乔木(路侧)
-1	无机肥
-2	杀虫
604	灌木(路侧)
-1	浇水
-2	无机肥
-3	修剪
-4	杀虫
605	修剪草皮
-1	路肩2m范围(含碎落台、平台)
-2	上下边坡
606	乔木(收费广场、互通立交、桥底、隧道口、观景台)
-1	浇水
-2	无机肥
-3	杀虫
607	灌木(收费广场、互通立交、桥底、隧道口、观景台)
-1	浇水
-2	无机肥
-3	修剪
-4	杀虫
608	草皮
-1	修剪

表1(续)

项目编号	工程细目名称
609	乔木(管理区)
-1	浇水
-2	无机肥
-3	杀虫
610	灌木
-1	浇水
-2	无机肥
-3	除草及松土
-4	修剪
-5	杀虫
611	绿篱(管理区)
-1	浇水
-2	无机肥
-3	除草及松土
-4	修剪
-5	杀虫
612	草皮(管理区)
-1	浇水
-2	除杂草
-3	修剪
701	清理收费棚
-1	清理收费棚
三	小修保养工程
1	路基
101	边坡土石方局部维修
-1	平整土路肩
-2	土石方清理
-3	回填土方
-4	回填沙包
-5	回填浆砌片石
-6	回填碎石
-7	打木桩
-8	铺设彩条布
102	边坡砌体防护局部维修

表1（续）

项目编号	工程细目名称
-1	片(块)石砌体维修
-2	混凝土预制块砌体维修
-3	C20混凝土边坡防护维修
-4	砌体砂浆封(勾)缝
-5	砌体砂浆抹面
-6	平台裂缝封闭
103	排水设施局部维修
-1	片(块)石砌体维修
-2	混凝土预制块砌体维修
-3	C20混凝土排水设施局部维修
-4	砌体砂浆封(勾)缝
-5	砌体砂浆抹面
2	路面
201	水泥路面
-1	胀缝、缩缝及施工缝维护
-2	胀缝维护
-3	裂缝封补
-4	裂缝灌缝(需开槽)
-5	面板维修
-6	混凝土换填基层
-7	板底脱空压浆
202	沥青路面
-1	裂缝封补
-2	压缝带封缝
-3	裂缝灌缝(需开槽)
-4	临时性修补坑槽(冷补料)
-5	热接缝修补坑槽
-6	冷接缝修补坑槽
-7	换填基层
-8	基层补强
-9	盲沟
3	桥涵
301	桥面铺装维修
-1	桥面铺装维修

表1(续)

项目编号	工程细目名称
302	伸缩缝维修
-1	整体更换
-2	橡胶条更换
-3	刚性带维修
303	结构局部维修
-1	裂缝封补
-2	沉降缝维护
-3	表层缺损修补
304	小型预制构件维修
-1	混凝土预制实心砖
-2	混凝土预制空心砖
-3	水沟(井)混凝土盖板
-4	水沟(井)金属盖板
305	其他维修
-1	泄水孔盖
-2	集水管
4	隧道
401	维护
-1	消防水池
402	墙体饰面维修
-1	瓷砖
-2	更换伸缩缝止水带
5	安全设施
501	隔离栅防抛网
-1	隔离栅防抛网恢复
502	轮廓标
-1	附着式轮廓标
-2	柱式轮廓标
503	道路标线
-1	对损毁道路标线进行恢复
504	突起路标
-1	对损毁的突起路标进行恢复
505	防眩板(网)
-1	对损毁的防眩板(网)进行恢复

表1(续)

项目编号	工程细目名称
506	标志牌
-1	对损毁的标志牌进行恢复
507	波形梁护栏
-1	对损毁的波形梁护栏进行恢复
508	油漆翻新
-1	金属构件漆面
-2	混凝土构件漆面
6	景观和绿化工程
601	绿化补植栽种
-1	中央分隔带绿化灌木补植
-2	中央分隔带草皮补植
-3	路侧灌木补植
-4	乔木补植
-5	路侧草皮补植
7	其他工程
701	防灾措施
-1	预防路面结冰
-2	防风防汛措施
702	清理事故现场
703	交通管制工程

4.2 日常巡查及经常检查

4.2.1 日常巡查

高速公路日常巡查一般采用乘车方式进行，对可视范围内的路基边坡、路面、桥梁、涵洞、隧道、交通安全设施、绿化等进行检查，同时也包括极端天气情况下的检查。乘车巡查过程中发现路面突发病害及路基、桥梁、涵洞、隧道出现异常情况时，应停车辅助人工检查，雨季对易堵塞的涵洞也应下车辅助人工检查。

日常巡查频率每天不宜少于1次，遇暴雨、台风、冰冻等极端天气情况，应适当增加日常巡查频率。广东省春夏两季一般有较多的暴雨天气，夏秋两季则容易出现台风天气，粤北山区高速公路在冬季遇极寒天气会出现冰冻情况，遇上述极端天气情况时应加强日常巡查工作。

日常巡查车辆速度不宜大于60km/h，停车辅助人工检查时，可临时停靠在右侧紧急停车带，巡查人员应在车辆前方快速完成检查。

日常巡查发现路面有影响通行的障碍物或高速公路出现异常情况时，应及时采取措施进行清除与处理，并做好记录。危及行车安全的，应采取临时安全保障措施后再进行处理。不能立即清除的，应及时报告。高速公路异常情况包括路面影响行车安全的坑槽、路面沉陷、边坡塌方、桥梁伸缩缝破损翘曲、桥梁坍塌、涵洞严重堵塞、隧道洞门和隧道衬砌大范围开裂等。

4.2.2 经常检查

本条根据规范要求并结合广东省高速公路特点,对经常检查的内容和频率作了相关规定。

现行《公路养护技术规范》(JTG H10)对路基经常检查没有作具体规定,路面方面主要对日常巡查提出了要求。考虑到日常巡查并不能完整掌握路基相关情况,因此本条对路基(包括边坡以及排水系统等)经常检查的内容和频率作了要求,一般边坡防护工程、边坡截排水系统、路侧边沟及排水沟要求每年不少于2次,其中雨季前和雨季后各1次。对于高边坡(通常指高度在20m以上的土质边坡或30m以上的石质边坡)以及危险的一般边坡,经常检查要求每季度不少于1次。

桥梁经常检查参照《公路桥涵养护规范》(JTG H11)中的规定,即桥梁经常检查要求一般每月不少于1次,汛期应加强不定期检查,主要是对桥面设施、上下部结构及其附属设施进行一般性检查,同时填写经常检查记录表;交通部颁发的《公路桥梁养护管理工作制度》(交公路发〔2007〕336号)中对桥梁经常检查频率的要求也是每月不少于1次,这与《公路桥涵养护规范》(JTG H11)的规定是一致的。另外,特大型桥梁(如悬索桥和斜拉桥等)必须由专业单位进行检查,因此这类桥梁的经常检查不属于日常养护内容。

涵洞经常检查参照《公路养护技术规范》(JTG H10)中的规定,即涵洞经常检查每季度不少于2次,洪水以及汛期应对涵洞进行一次全面检查。

《公路隧道养护技术规范》(JTG H12)对隧道养护等级作了规定,具体见表2。隧道经常检查频率按隧道养护等级划分,养护等级一级要求每月不少于1次,养护等级二级要求每两月不少于1次,养护等级三级要求每季度不少于1次。

表2 高速公路、一级公路隧道养护等级分级表

单车道年平均日交通量 [pcu/(d·ln)]	隧道长度(m)			
	$L > 3\,000$	$3\,000 \geq L > 1\,000$	$1\,000 \geq L > 500$	$L \leq 500$
≥10 001	一级	一级	一级	二级
5 001～10 000	一级	一级	二级	二级
≤5 000	一级	二级	二级	三级

4.3 日常保洁

本条对日常保洁作业内容进行了规定。日常保洁内容主要包括高速公路及其沿线设施进行的保洁、清洗、清疏以及绿化管护等。

4.4 小修保养

本条对小修保养作业内容进行了规定。小修保养内容主要包括高速公路及其沿线设施的各种小规模病害或障碍的处治作业,主要包括对轻微病害的修补,以及一般病害、缺失、障碍的恢复性、重置性或预防性等维修、处治作业等。

对于小修保养中的应急保通辅助作业,其主要作业内容包括高速公路水毁抢修、防冰与防雪、突发事件处置等辅助性工作,保障高速公路安全通行。高速公路水毁抢修方面,当路基或下边坡坍塌危及行车安全,或上边坡塌方量已经影响路面通行,或高速公路路面被水淹没时,应对上述路段采取交通封闭或交通引导的临时性辅助措施,确保高速公路通行安全。冬季粤北山区高速公路遇寒潮袭击时容易出现雨雪冰冻天气,特别是海拔较高的路段和桥梁路段容易结冰,当冰冻天气尚不至于中断交通时,可以进行撒融雪剂等辅助性作业,起到预防路面或桥面结冰作用,从而保证通行安全。对于其他突发事件如交通事故等,可以协助交警路政进行交通管制,事故处理完毕后对事故路段进行清理等辅助性工作。

5 高速公路日常养护资源配置

5.1 通则

高速公路日常养护资源中,养护基地一般由业主单位提供,养护机械设备和养护人员由养护单位依据合同要求进行配置。为方便养护机械设备和养护人员驻扎,同时更好地服务于高速公路养护,也更好地展现高速公路养护形象,养护基地宜在高速公路建设期就进行统一规划实施,对于已通车但没有统一规划建设养护基地的,有条件的可以重新规划建设。

5.2 养护基地配置

5.2.1 养护基地分类

养护基地主要根据其功能划分成日常养护基地和综合养护基地两种。与综合养护基地相比,日常养护基地规模相对较小,作业辐射半径也更小。功能方面,日常养护基地主要是满足高速公路日常养护和应急保通辅助作业功能要求,而综合养护基地除了具备日常养护基地功能外,还具备沥青混合料或水泥混凝土生产供应功能要求。另外,综合养护基地功能更多,覆盖范围更广,宜分片区进行规划设置。

5.2.2 日常养护基地选址

日常养护基地选择主要从便利性和应急保通及时性等方面考虑,宜靠近高速公路出入口旁,每个基地覆盖40km～60km路段范围,不宜过长,这样既有利于养护工作开展,应急响应快速及时,也有利于节省养护出行成本。

5.2.3 日常养护基地建设规模

日常养护基地占地面积应因地制宜,同时也要结合养护规模确定面积大小。珠三角地区因用地较为紧张,日常养护基地占地面积和建设标准宜取下限。对于养护工作量较大的高速公路,或有条件的地方,日常养护基地占地面积和建设标准宜取上限。

目前广东省内部分养护基地建设存在重办公生活功能、轻生产功能的问题,生产功能方面存在的问题主要是仓库规划面积过小,满足不了各类物资存放的要求。因此,在日常养护基地规划建设时,要考虑分别设置普通仓库、应急物资仓库以及危险品仓库,保证各类物资有足够的地方堆放。

5.2.4 综合养护基地选址

综合养护基地选址要求与日常养护基地类似,但是考虑到基地内具备设置沥青拌和站或水泥拌和站的功能,而拌和站难免会有噪声和粉尘污染等。因此,选址宜避开居民区和厂区,选择相对偏僻的高速公路枢纽立交附近。

5.2.5 综合养护基地建设规模

综合养护基地不仅要具备日常养护基地功能要求,还应具备设置沥青拌和站或水泥拌和站的功能要求,其建设要求与日常养护基地类似,但是考虑到要设置拌和站,因此,需建设占地面积更大的综合养护基地。同时综合养护基地中还要设置工地试验室,以满足高速公路大中修方面的需求。

5.3 养护机械设备配置

5.3.2 养护机械设备分类

高速公路养护机械设备通常分为日常常规机械设备、应急保通机械设备和大中修养护机械设备三类。日常常规机械设备主要是指用于日常养护作业的常规机械设备,如保洁类、绿化管养类、路面维修类等方面的设备机具;应急保通设备主要是指应急抢险和道路保通方面的机械设备,如边坡水毁、除雪除冰等方面的应急保通作业设备;大中修养护机械设备主要是指路面大中修时需要的机械设备,如水泥拌和站、沥青拌和站、路面挖补以及路面摊铺压实等方面的机械设备。

5.3.3 养护机械配置标准

养护机械设备配置标准参考《公路养护技术规范》(JTG H10)的配置要求,同时结合广东省高速公路养护特点列出了每100km养护机械设备配置标准。日常养护基地主要配置日常常规和应急保通两类机械设备,综合养护基地除配置日常常规和应急保通两类机械设备外,还应按需配置大中修养护机械设备。养护机械设备配置标准所列机械设备为常用的、主要的机械设备,鼓励养护作业中采用新设备,不断提升养护机械化水平和养护品质。

另外,移动养护作业时由于作业车辆速度较慢,存在追尾风险,临时封路养护作业时也存在社会车辆闯入作业区造成安全事故的风险。因此,对于车流量较大或车速较快的高速公路养护作业,以及占用硬路肩的高速公路扩建路段养护作业,具备条件的可以先行先试采用一体式防撞车确保作业安全。具体做法是:移动式养护作业时,如超车道清扫、中央分隔带绿化洒水、喷药和修剪作业以及扩建路段大件垃圾清捡作业等,可以在作业车辆后面跟随一台防撞车,防止社会车辆追尾造成伤害;临时封路作业时,可以在作业区前方设置一台防撞车,防止社会车辆因疲劳驾驶或刹车失灵等闯入作业区造成伤害。

5.4 养护人员配置

5.4.2 养护人员配置标准

本条列出了养护单位需配备的主要岗位人员以及技术工人人数,实际配备人数应根据养护路段工作量、路段长度等确定。鉴于珠三角地区有些高速公路线路较短,提出了至少配备3名主要人员的要求。另外,还应根据养护具有季节性的特点,在工作量较集中的季节,应适当增加岗位人员特别是技术工人的数量,以满足养护生产的需要。

6 高速公路日常养护作业要求

6.1 通则

6.1.1 高速公路日常养护标准化、规范化、机械化和信息化("四化"养护)是高速公路养护作业的发展趋势,随着高速公路养护里程越来越长,养护工作也越来越繁重,只有推行"四化"养护,才能不断提升养护效率和养护质量,为公众提供舒适、快捷、美观、安全的高速公路通行条件和环境。

《高速公路日常养护作业操作规程》是根据近些年广东省高速公路日常养护作业积累的丰富经验编写而成的,具有较好的指导作用。当然,随着新技术、新材料、新工艺、新设备等"四新"技术的推广应用,相关的高速公路日常养护作业方法和作业标准也应作出相应调整。

6.1.2 高速公路养护作业具有高风险的特点,在开放交通的高速公路上作业,极易发生意外事故,安全风险较大。因此,对于养护作业人员,必须进行安全培训和养护作业培训。培训可以委外培训,也可以由养护单位自行组织培训。养护作业人员经考核合格后方可上岗。

高速公路养护作业通常在开放交通的环境下进行,每个施工点设置现场安全管理员,可以起到交通瞭望、交通引导以及现场安全监督的作用,更好地保护作业人员安全。

6.1.3 本条对养护作业安全进行了规定。养护作业时,必须严格按照相关规范要求做好作业控制区布控,现场安全员应及时对作业控制区进行维护,作业人员必须遵守安全作业操作规程,安全员进行现场监督指导,尽可能避免或减少安全意外事故发生,确保作业人员安全和过往车辆通行安全。

6.1.4 本条对日常养护作业文明施工进行了规定。

6.1.5 信息化手段能提高养护效率,保证数据真实可靠。养护巡查过程中,宜采用移动终端实时录入信息数据,并通过移动养护app(应用程序)将发现的病害及异常情况的图片、位置、相关说明等信息录入信息管理系统,生成相应的养护记录及报表。具备条件的,可采用道路智能检测车定期对高速公路进行快速检测,以代替人工巡查,确保路面病害等数据更加真实准确,同时通过信息管理系统生成养护任务单,及时组织养护维修,提高养护效率。

6.2 日常保洁标准要求

6.2.2 路面

本条中的全线路面包括路面、桥面和隧道路面。

6.2.6 交通安全设施

目前不少高速公路护栏设施被"牛皮癣"小广告名片困扰,影响高速公路美观,宜定期进行清除。

6.2.7 绿化

本条所指绿化(下同)包括高速公路中央分隔带、路侧、收费广场、互通立交、隧道口、观景台、管理区等范围内的灌木、乔木、绿篱、花草以及草皮。

6.3 日常保洁频率要求

6.3.2 路面

高速公路路面保洁以机械清扫为主,以人工清捡为辅。珠三角地区高速公路交通流量大,路面保洁压力也大,因此要根据实际情况适当增加机械清扫频率。

6.3.5 隧道

本条规定了隧道洞门及隧道内路面、侧墙瓷砖的清洗频率,对于隧道各部位的清洁频率,还应遵照《公路隧道养护技术规范》(JTG H12)中的规定执行,即按照养护等级进行隧道清洁。高速公路隧道清洁维护频率宜不低于表3的规定。

表3 高速公路隧道清洁频率

清洁项目	养护等级		
	一级	二级	三级
路面	1次/d	2次/周	1次/旬
内装饰、检修道、横通道、标志、标线、轮廓标	1次/月	1次/2月	1次/季度
排水设施	1次/季度	1次/半年	1次/半年
顶板	1次/半年	1次/年	1次/2年
斜井	1次/半年	1次/年	1次/2年
侧墙、洞门	1次/2月	1次/季度	1次/半年

6.3.7 绿化

广东省属于高温多雨地区,绿化长势一般较快。因此,对于影响高速公路视觉美观的中分带绿化以及路侧草皮修剪宜以效果为主,在雨季(每年的前三季度基本都属于雨季)适当增加中央分隔带、路肩2m范围内杂草修剪频率,特别是路肩2m范围内杂草修剪,雨季时宜每个月修剪1次。

6.5 小修保养时限要求

6.5.1 路基

边坡出现局部塌方,或者挡墙、护坡出现开裂滑移等情况,往往是边坡失稳造成的。因此,在巡查过程中一旦发现边坡出现上述情况,首先应立即报告业主单位处理,同时要按照业主单位要求做好交通维护、遮盖彩条布或打松木桩等临时处置措施,防止病害进一步发展,同时保证路面通行安全。

6.5.2 路面

《公路技术状况评定标准》(JTG 5210)对路面损坏程度进行了分类,如沥青路面坑槽深度小于25mm 或面积小于 $0.1m^2$ 为轻度坑槽,坑槽深度不小于25mm 或面积不小于 $0.1m^2$ 为重度坑槽。

对于路面的重度破损,由于可能影响到路面行车安全,因此要及时进行处置,如沥青路面重度坑槽、沉陷、拥包以及水泥路面重度破碎板、坑洞等,应在发现后1d内进行修复,不能按要求及时修复的,则要采取临时封闭破损病害车道等应急措施,避免发生安全事故。

6.5.6 交通安全设施

对于缺损的护栏设施,因涉及到安全问题,因此在被撞坏或发现缺失时,应在当天采取摆放交通锥等应急措施,并尽快进行修复,时限要求不超过3d。

6.5.8 应急保通辅助作业

高速公路遇突发事件时,因为情况紧急,养护单位宜在30min内抵达现场参与处置,如果高速公路通行受阻,也可以借道地方路快速抵达现场。